Science et tradition hermétique

DU MÊME AUTEUR
AUX ÉDITIONS ALLIA

Fragments autobiographiques

ÉDITIONS ALLIA
16, RUE CHARLEMAGNE
F - 75004 PARIS

NOM : ....

PRÉNOM : ....

ADRESSE : ....

....

PAYS : ....

E-MAIL : ....

DÉSIRE RECEVOIR LE CATALOGUE DES ÉDITIONS ALLIA

FRANCES A. YATES

Science et tradition hermétique

Traduit de l'anglais par
BORIS DONNÉ

IDEM • VELLE
AC • IDEM • NOLLE

ÉDITIONS ALLIA
16, RUE CHARLEMAGNE, PARIS IVe
2009

Sous le titre *Science et tradition hermétique* sont ici rassemblés trois essais de Frances Yates inédits en français, recueillis dans le volume III de ses *Collected Essays* : *Ideas and Ideals in the North European Renaissance*, Londres, Routledge & Kegan Paul, 1984. "The Hermetic Tradition in Renaissance Science" a d'abord été publié dans le volume *Art, Science and History in the Renaissance* coordonné par Charles S. Singleton, Baltimore, 1967 ; "Copernic" est le texte d'une conférence radiophonique pour la BBC publié dans *The Listener* le 15 mars 1973 ; "Did Newton connect his Maths and Alchemy ?" a paru dans le *Times Higher Education Supplement* du 18 mars 1977 pour commémorer le 250e anniversaire de la mort de Newton.

LA TRADITION HERMÉTIQUE DANS LA SCIENCE DE LA RENAISSANCE

"S'IL EST un trait susceptible de caractériser la Renaissance, c'est, me semble-t-il, le changement qui intervient dans la façon de concevoir la relation de l'homme au cosmos [1]." Cette citation est tirée d'un livre assez récent intitulé *Science et Renaissance*. Où chercher, se demande alors son auteur, les origines du changement de climat intellectuel en Europe occidentale dont procède cette nouvelle relation au cosmos ? Il commence naturellement par regarder du côté du mouvement que l'on appelle "le néo-platonisme de la Renaissance", mouvement issu d'un regain d'intérêt pour Platon et les philosophes platoniciens, à Florence, dans le cercle de Marsile Ficin ; mais c'est pour l'écarter, le jugeant dépourvu d'intérêt pour sa recherche. Rien ne lui paraît établir que les académiciens florentins aient manifesté, sauf de façon incidente, un quelconque intérêt pour le problème de la connaissance du monde extérieur ou de la structure du cosmos [2].

1. Le diligent lecteur se reportera aux notes, p. 75 *sq*.

Pourtant, c'est bien ce mouvement baptisé sans grande rigueur "néo-platonisme de la Renaissance", survenu entre le Moyen Age et le XVIIe siècle, qui devait être à l'origine d'un climat intellectuel nouveau, et de ce changement dans l'attitude de l'homme par rapport au cosmos qui allait être si lourd de conséquences. Peut-être la difficulté vient-elle de ce que les historiens de la philosophie nous ont en partie induits en erreur sur la nature même de ce mouvement. Envisagé sous un angle purement philosophique, le néo-platonisme renaissant peut se résumer à une sorte d'éclectisme assez vague. Mais les travaux réalisés ces dernières années sur Marsile Ficin et ses sources ont démontré que le fond du mouvement était de nature hermétique, et reposait sur une vision du cosmos comme un réseau de forces magiques avec lesquelles l'homme peut opérer. La figure du mage de la Renaissance est enracinée dans le fond hermétique du néo-platonisme renaissant ; et c'est le mage de la Renaissance, incarnation de cette attitude nouvelle de l'homme par rapport au cosmos, qui fut à mon sens le préalable nécessaire à l'essor de la science.

Diverses connotations sont attachées au mot "hermétique". On peut l'employer dans un sens vague et très général, à propos de toutes sortes de pratiques occultes ; on peut aussi l'employer dans une acception plus restreinte pour évoquer l'alchimie, considérée généralement comme la science hermétique par excellence. Cet usage imprécis du mot a eu tendance à en obscurcir la signification historique – et c'est dans cette seule signification historique que je l'emploie ici. Je ne suis pas une occultiste, ni une alchimiste, ni une quelconque sorcière. Je ne suis qu'une humble historienne, dont l'activité favorite est la lecture. Et à force de lectures et de lectures, j'ai été très frappée par un phénomène sur lequel des chercheurs – en Italie, aux Etats-Unis, et autour de moi à l'Institut Warburg – ont attiré l'attention : la diffusion des textes hermétiques à la Renaissance [3].

Il me faut, brièvement, rappeler quelques faits. La première œuvre que Marsile Ficin traduisit en latin sur l'injonction de Cosme de Médicis ne fut pas un ouvrage de Platon, mais le *Corpus Hermeticum*, une collection de traités qui circulaient sous le nom d'"Hermès Trismégiste". Ficin et ses contemporains étaient persuadés que cet "Hermès Trismégiste" avait réellement existé : ils pensaient qu'il s'agissait d'un prêtre égyptien quasi contemporain de Moïse, un prophète païen annonciateur du christianisme, qu'ils tenaient pour la source – ou l'une des sources, avec d'autres *prisci theologi* – du courant de sagesse très ancienne qui avait ensuite influencé Platon et les philosophes platoniciens. C'est, à mon sens, essentiellement des *Hermetica* qu'est issue la conception nouvelle – à la fois nouvelle et ancienne – de la relation de l'homme au cosmos propre à la Renaissance. Je vais l'illustrer brièvement à partir de deux de ces écrits hermétiques.

Le *Pimandre* [4], premier traité du *Corpus Hermeticum*, fait le récit de la Création ; et si ce récit semble rappeler la Genèse, à laquelle Ficin le compare évidemment [5], il en diffère radicalement par la façon dont il raconte la création de l'homme. Le second acte de création accompli par le Verbe selon le *Pimandre*, après la création de la lumière et des éléments de la nature, est la création des cieux, plus précisément des Sept Gouverneurs, ou sept planètes, dont on croyait que dépendait le monde inférieur et élémentaire. Vient ensuite la création de l'homme, qui, “lorsqu'il eut remarqué la création que le démiurge avait façonnée … voulut lui aussi produire une œuvre, et permission lui en fut donnée par le Père. Etant donc entré dans la sphère démiurgique, où il devait avoir plein pouvoir, les Gouverneurs s'éprirent de lui, et chacun lui donna part à sa propre magistrature."

Que l'on compare cet Adam hermétique à l'Adam biblique, façonné avec le limon de la terre. Celui-ci a certes reçu de Dieu pouvoir sur toutes les créatures ; mais lorsqu'il cherche à pénétrer les secrets de la puissance divine, et goûte au fruit de l'arbre de la Science, il commet le péché de désobéissance qui lui vaut d'être chassé du Jardin d'Eden. Dans le *Pimandre*, l'Homme hermétique connaît aussi une Chute, et lui aussi peut être régénéré. Mais lorsqu'il est régénéré, cet Homme hermétique reconquiert le pouvoir sur la nature qu'il possédait de par son origine divine ; par une communion magico-religieuse avec le cosmos, il se retrouve en communion avec le maître du "Tout" : c'est la régénération d'un être qui reconquiert sa divinité. On pourrait dire que le *Pimandre* décrit la création, la chute et la rédemption non point d'un homme, mais d'un mage – d'un être qui porte en lui les pouvoirs des Sept Gouverneurs, et qui par là entretient avec la nature élémentaire une relation immédiate, et d'une extrême puissance.

Il y avait certes là, dans le fond hermétique du néo-platonisme ficinien, un très grand changement dans la façon de concevoir la relation de l'homme au cosmos. Un autre traité hermétique, l'*Asclepius* [6] – connu tout au long du Moyen Age, mais dont l'influence s'est plus fortement exercée à la Renaissance, à la faveur du respect qu'inspiraient Hermès Trismégiste l'Egyptien et tous ses écrits – présente l'homme-mage en train d'opérer. Les héros de l'*Asclepius* sont des prêtres égyptiens sachant, nous dit-on, comment capter les influences célestes, et capables, par cette connaissance magique, d'animer les statues de leurs dieux. Quelque étranges que puissent nous paraître les opérations qu'il accomplit, c'est en tant qu'opérateur que l'homme est glorifié dans l'*Asclepius*. Il est désormais bien établi que Ficin s'est inspiré des passages magiques de l'*Asclepius* pour les pratiques magiques qu'il décrit dans son *De Vita cœlitus comparanda* [7]. Et c'est par une citation de l'*Asclepius* qui présente l'homme comme "une grande merveille" que Pic de la Mirandole ouvre son *Discours de la dignité de l'homme*. Ce discours marque l'avènement de l'homme-mage, l'homme doué de pouvoirs qui lui permettent d'opérer sur le cosmos grâce à la magie et aux conjurations par les nombres de la Cabale [8].

Je crois que le lieu commun selon lequel le *Discours* et les neuf cents *Conclusions* de Pic de la Mirandole marquent un grand tournant dans l'histoire européenne n'est pas faux, mais qu'il est parfois mal interprété. C'est moins un champion de l'"humanisme", au sens de renouveau de l'étude de l'Antiquité classique, qu'il faut voir en Pic, qu'un porte-parole de la façon nouvelle d'envisager l'homme dans sa relation au cosmos – l'homme admiré comme une "grande merveille" parce qu'il possède des pouvoirs pour agir sur le cosmos. Cette nouvelle approche fait apparaître Ficin et Pic sous un jour nouveau : non point d'abord comme des "humanistes", ni même, à mon sens, comme des philosophes, mais comme des mages. Les opérations magiques de Ficin étaient timides et prudentes ; Pic a formulé avec plus d'audace son idéal de l'homme-mage. Et si, comme je le crois, le mage de la Renaissance est l'ancêtre immédiat du savant du XVIIe siècle, alors il s'avère que le "néo-platonisme", tel que l'ont interprété Ficin et Pic, a bel et bien été le système de pensée qui, survenu entre le Moyen Age et le XVIIe siècle, a ouvert la voie à l'émergence de la science.

Peut-être commence-t-on à voir se dessiner les linéaments d'une approche nouvelle de l'histoire des sciences, qui passe par la magie de la Renaissance ; mais il faut tout de suite souligner que cette histoire présente encore d'énormes lacunes, qu'il appartiendra à une recherche méthodique de combler. L'un des besoins les plus urgents serait une édition moderne des œuvres de Pic de la Mirandole, une édition qui ne se limiterait pas à en reproduire le texte, mais qui identifierait par exemple les sources des neuf cents *Conclusions*. Si l'entreprise promet d'être ardue, elle n'a rien d'impossible ; et tant qu'elle ne sera pas accomplie, il manquera aux historiens des idées une base indispensable pour analyser l'un des tournants essentiels de cette histoire.

Il est commode de consulter le manuel pratique de l'apprenti mage compilé par Henri Cornelius Agrippa comme un guide des différentes catégories de magie à la Renaissance [9]. S'appuyant sur Ficin et sur l'*Asclepius*, recourant aussi à l'une des sources manuscrites de Ficin, le *Picatrix* [10], et à Pic de la Mirandole et Reuchlin pour la magie cabalistique, Agrippa classe les différents types de magie selon les trois mondes distingués par les cabalistes. Le monde inférieur ou élémentaire est le royaume de la magie naturelle, c'est-à-dire du maniement des forces du monde élémentaire par le maniement des sympathies occultes qui le traversent. Au monde intermédiaire ou céleste correspond ce qu'Agrippa nomme la magie mathématique. Lorsqu'un magicien suit la philosophie naturelle et les mathématiques, et qu'il connaît les sciences intermédiaires qui en procèdent – l'arithmétique, la musique, la géométrie, l'optique, l'astronomie, la mécanique –, il est capable d'accomplir des prodiges. Suivent des chapitres consacrés à la numérologie pythagoricienne, à l'harmonie du monde, et à la confection des talismans. Au monde supérieur ou supra-céleste correspond enfin la magie religieuse : Agrippa traite ici des rituels magiques et de l'évocation des anges.

Cette vision magique du monde inclut un usage opératif du nombre, et fait de la mécanique une branche de la magie mathématique. Le mouvement hermétique a ainsi favorisé les véritables sciences appliquées, notamment la mécanique, que Campanella allait un peu plus tard qualifier de "vraie magie artificielle [11]". On pourrait donner de nombreux exemples de la confusion entre magie et mécanique qui prévalait alors dans les esprits. John Dee, par exemple, qualifié de "grand sorcier" parce qu'il s'adonnait à la magie évocatoire pour converser avec les anges, était tout aussi suspect pour avoir construit un scarabée mécanique utilisé lors d'une représentation théâtrale au Trinity College de Cambridge [12]. Dans sa préface à la traduction des *Eléments* d'Euclide par Henry Billingsley, il proteste amèrement contre la réputation de sorcellerie que lui ont value ses talents dans le domaine de la mécanique :

> … à cause de Prouesses & d'Effets merveilleux conçus & accomplis par des moyens Naturels, Mathématiques & Mécaniques, faut-il qu'un honnête Savant & Modeste Philosophe Chrétien se fasse traiter de Sorcier, & soit considéré comme tel ? [13]

Il ne fait pourtant aucun doute que pour Dee, ses opérations mécaniques, accomplies par un usage du nombre approprié au monde inférieur, relevaient de la même vision du monde que ses efforts pour évoquer les anges grâce à la numérologie des cabalistes. Celle-ci constituait pour lui l'usage le plus élevé et le plus sacré du nombre – l'opération par le nombre dans le monde supra-céleste.

Ainsi le cadre de pensée dont Agrippa trace les contours insolites dans son *De Occulta*

Philosophia a-t-il contribué à sa façon au développement des sciences mathématiques et mécaniques dont le XVIIe siècle allait voir le triomphe. C'est bien sûr la redécouverte d'anciens écrits scientifiques, en particulier ceux d'Archimède, qui a stimulé ce progrès ; mais sur ce point même, la mentalité hermétique a pu jouer un rôle qui n'a pas encore été analysé. On croyait que l'Egypte avait été le berceau des sciences mathématiques et mécaniques ; le culte de l'Egypte et de son grand oracle, Hermès Trismégiste, a pu contribuer à l'intérêt passionné qui s'est porté sur ces écrits scientifiques récemment redécouverts. Je n'en donnerai qu'un exemple.

En 1589 paraissait à Venise un volumineux ouvrage de Fabio Paolini intitulé *Hebdomades*. Selon D. P. Walker, ce livre contient "non seulement la théorie de la magie de Ficin, ... mais encore tout le complexe de théories dont elle fait partie : la cosmologie et l'astrologie néo-platoniciennes sur lesquelles la magie se fonde, la *prisca theologia et magia* [14]", etc. Ce livre témoigne de la diffusion du néo-platonisme florentin à Venise et dans les débats des académies vénitiennes. On n'a pas encore étudié de façon appropriée cette phase vénitienne du mouvement, où il a connu de nouveaux développements. A propos des statues magiques décrites dans l'*Asclepius*, Paolini fait cette remarque : “on peut rapporter cela à l'art mécanique et à ces machines que les grecs appellent *automata*, dont a traité Héron [15].” Paolini place ici sur le même plan les statues décrites par Hermès Trismégiste dans l'*Asclepius*, ces statues que les magiciens égyptiens possédaient le secret d'animer, et le traité des automates où Héron d'Alexandrie expose les dispositifs mécaniques et pneumatiques grâce auxquels on peut faire se mouvoir et parler les statues dans les théâtres ou dans les temples. Mais Paolini n'entend nullement démystifier les statues magiques de l'*Asclepius* en les présentant comme de simples mécanismes : en effet, il rapporte ensuite respectueusement que selon Trismégiste, les Egyptiens savaient composer leurs statues avec de certains matériaux terrestres pour y introduire des âmes de démons. Il y a dans son esprit une confusion élémentaire entre la mécanique comme magie et la magie comme mécanique, qui l'amène à accorder aux technologies exposées par Héron d'Alexandrie un intérêt fasciné. Pareils rapprochements peuvent aider à comprendre d'autres passages de l'*Hebdomades* relevés par Walker : Paolini y explique que la production du mouvement dans des matériaux rigides et récalcitrants ne saurait s'accomplir sans l'aide de l'*anima mundi*, âme du monde à laquelle il attribue par exemple l'invention des horloges [16]. Ainsi, même le mécanisme d'horlogerie – qui allait devenir le symbole suprême de l'univers mécaniste instauré dans la première phase de la révolution scientifique – avait été intégré à l'univers animiste de la Renaissance, par le biais d'une interprétation magique de la mécanique.

Entre toutes les grandes figures de la Renaissance saluées comme des initiateurs de la science moderne, l'une des plus grandes est celle de Leonard de Vinci. Nous partageons tous l'idée commune selon laquelle Léonard fut un précurseur, qui rejeta tout à la fois l'autorité de la scolastique et celle d'un certain humanisme rhétorique pour leur opposer l'expérimentation pratique associée aux mathématiques. Dans deux essais consacrés à Léonard, le professeur Eugenio Garin soutient, avec sa subtilité coutumière, que Vasari pourrait être plus près de la réalité quand il présente ce grand artiste comme un mage, un homme "divin [17]". Léonard, note Garin, cite "Hermès le philosophe", et il définit une force comme une essence spirituelle ; selon Garin, la force spirituelle telle que Léonard la concevait “avait peu à voir avec la mécanique rationnelle, tandis qu’elle entretenait d’étroites relations avec le thème hermétique et ficinien de la vie et de l’âme universelles [18].” Si, comme Garin semble le suggérer, c’est finalement dans la tradition hermétique de la Renaissance qu’il faut ranger Léonard de Vinci, si le vif intérêt de cet artiste “divin” pour la technique n’est pas exempt de préoccupations magiques et théurgiques, si ses recherches mathématiques et mécaniques sont sous-tendues par une conception animiste de l’univers, sa stature de génie n’en serait en rien diminuée. Nous devons nous défaire de l’idée selon laquelle déceler des influences hermétiques chez telle ou telle grande figure de la Renaissance reviendrait à la dénigrer. Si l’on suit l’hypothèse de Garin, les extraordinaires réalisations de Léonard seraient une preuve de plus de l’élan puissant que l’hermétisme a donné à une nouvelle vision du monde : elles démontreraient que le fond hermétique du néo-platonisme renaissant a été à l’origine d’un mouvement dont les grands mages de la Renaissance ne représentent que la première étape.

Dans le cas de John Dee, nul besoin, pour déceler le philosophe hermétique derrière le savant, de le désaffubler d'une réputation de précurseur de la science des Lumières forgée au XIXe siècle par des admirateurs : la réputation de Dee n'a jamais été de nature à lui gagner la sympathie des esprits éclairés. La publication, en 1659, de ses conférences spirituelles – étrange relation de ses conversations avec les esprits qu'il aurait suscités, par des opérations évocatoires, avec son acolyte Edward Kelley – l'ont assuré d'être rabaissé pour la postérité au rang de sorcier, de nécromant ou de charlatan naïf de la plus sinistre engeance. Tout au long du XIXe siècle, c'est cette image de Dee qui a prévalu ; elle a dissuadé ceux qui se mettaient en quête des précurseurs de la révolution scientifique de se plonger dans ses autres ouvrages. Même si la réputation de Dee comme véritable savant et mathématicien a grandi peu à peu tout au long du XXe siècle, quelque chose persiste de cette vieille prévention contre lui ; ainsi s'explique sans doute ce fait étonnant : sa préface à la traduction des *Eléments* d'Euclide par Billingsley (1575), où il recommande avec ferveur que les études mathématiques soient propagées et encouragées, n'a jamais été réimprimée avant

1975. Alors que presque tout Anglais cultivé possède une des nombreuses éditions modernes de *L'Avancement de la science* de Francis Bacon, ou à défaut y a facilement accès en bibliothèque, la préface mathématique de Dee ne pouvait être consultée, avant cette date, que dans les rares exemplaires de cette édition ancienne d'Euclide. Et cependant la préface de Dee est écrite en anglais, comme l'*Avancement* de Bacon – et qui plus est dans un anglais original et nerveux ; par ailleurs, en tant que manifeste pour le progrès des sciences, elle est bien supérieure à l'ouvrage de Bacon. Dee souligne en effet avec beaucoup plus de force l'importance capitale des mathématiques ; or le relatif manque d'intérêt ou de considération de Bacon pour les mathématiques constitue, comme chacun sait, une lacune fatale dans son programme : c'est la principale raison pour laquelle sa méthode inductive n'a guère produit de résultats scientifiques de valeur.

Il ne m'appartient pas ici d'entrer dans le détail mathématique de la préface de Dee, ni d'évoquer son œuvre d'authentique mathématicien et homme de science dont les ingénieurs et les navigateurs sollicitaient les avis. Les recherches entreprises sur ces sujets par E. G. R. Taylor [19] et F. R. Johnson [20] sont bien connues, et il existe une remarquable thèse consacrée à Dee par I. R. Calder [21], malheureusement toujours inédite. Mon propos est seulement de souligner que les recherches mathématiques de Dee s'inscrivent dans la tradition hermétique de la Renaissance. Ce qui laisse penser qu'il a été inspiré par le grand mouvement florentin, c'est le fait qu'il en appelle, dans son plaidoyer en faveur des mathématiques, au "noble Seigneur de Mirandula", et qu'il cite de ses neuf cents *Conclusions* l'affirmation selon laquelle "par les nombres, on disposera d'une voie pour rechercher & comprendre toutes choses qui se peuvent connaître [22]" (11e des conclusions mathématiques). D'autre part, c'est certainement de la compilation d'Agrippa, où les pratiques magiques sont classées selon les trois mondes où elles opèrent, que Dee a tiré les réflexions qui ouvrent sa préface, sur le nombre dans les trois mondes. Il est à noter, de plus, que cette préface traite essentiellement de celles des sciences mathématiques qu'Agrippa fait correspondre au monde intermédiaire ou céleste [23] – même si l'on y décèle bien d'autres influences, en particulier l'importante influence de Vitruve. Tout ceci peut faire naître dans notre esprit une idée étonnante : c'est *parce que*, au contraire de Francis Bacon, Dee était un astrologue et un magicien qui s'essayait à pratiquer toute la tradition magique et cabalistique de la Renaissance exposée par Agrippa, qu'il était pénétré de l'importance des mathématiques.

J'aimerais arriver à convaincre les personnes de bon sens, en particulier les historiens, de faire entrer dans leur vocabulaire le terme *rosicrucien*. Il est connoté négativement, à cause de l'emploi incontrôlé qu'en ont fait les occultistes prétendant établir l'existence, retracer l'histoire et identifier les membres d'une société secrète ou d'une secte se disant rosicrucienne. Même s'il est important de passer au crible d'une critique minutieuse les arguments pour et contre l'existence d'une véritable société rose-croix, j'aimerais employer ici l'adjectif *rosicrucien* en laissant complètement de côté la question de la société secrète. On utilise, de façon assez vague, le terme de *baroque* pour caractériser un certain type de sensibilité et d'expression artistique, sans impliquer le moins du monde qu'il existait des sociétés secrètes de baroquistes propageant secrètement une mentalité baroque. Je propose que l'on emploie l'adjectif *rosicrucien* de façon analogue, pour qualifier un certain style de pensée historiquement repérable, sans se demander si les penseurs de style rosicrucien faisaient ou non partie d'une société secrète.

Il serait fort utile de pouvoir employer *rosicrucien* dans ce sens : le terme servirait ainsi à caractériser toute une phase de la tradition hermétique dans son rapport à la science. On pourrait distinguer à grands traits deux phases de ce genre, définies de la façon suivante. A la Renaissance, le mage entretient d'étroites relations avec l'expression artistique : à cette époque, la peinture et la sculpture confinent au talisman, la poésie et la musique s'allient à l'incantation. Sans rompre complètement avec ces pratiques, le rosicrucien se tourne davantage vers la science, une science mêlée de magie. Ainsi, bien qu'il soit issu en droite ligne de la tradition hermétique de la Renaissance, comme les mages de l'époque antérieure, il lui arrive d'infléchir cette tradition dans des directions un peu différentes, ou d'en faire ressortir de nouveaux aspects. Il accorde une grande importance à tout le courant de l'alchimie et de la médecine paracelsiennes (elles-mêmes stimulées, à l'origine, par des influences ficiniennes) : le rosicrucien est souvent, peut-être même toujours, fortement influencé par Paracelse. Dans sa phase tardive, rosicrucienne, la tradition hermétique s'imprègne d'idéaux philanthropiques, peut-être sous l'effet de cette influence paracelsienne. Enfin, la situation du rosicrucien au sein de la société est moins sûre, plus risquée que celle des mages dans la période précédente. Il y a toujours eu des dangers : Ficin s'est prudemment appliqué à esquiver, Pic de la Mirandole n'y a pas échappé. Mais par suite de la dégradation de la situation politique et religieuse en Europe, et des vives oppositions que la magie suscite dans les pays tant catholiques que protestants, le rosicrucien semble plus menacé que ne l'ont été les mages. Certains de ceux-ci se sont plutôt épanouis dans l'atmosphère des premiers temps du néo-platonisme renaissant : ils avaient le sentiment d'être en phase avec leur époque. Un artiste comme Léonard de Vinci, un poète comme Ronsard peuvent illustrer le relatif épanouissement qu'ont connu certaines de ces grandes figures marquées par le fond hermétique du néo-platonisme. Le rosicrucien, quant à lui, est porté au délire de persécution. Bien qu'il soit en général d'un tempérament profondément religieux, il évite de prendre parti pour aucun des courants religieux de son temps, ce qui fait qu'il passe pour athée aux yeux de tous, cependant que sa réputation de magicien inspire la crainte et la haine. Qu'il appartienne ou non à une société secrète, le rosicrucien est enclin au secret : c'est pour lui une nécessité. Son expérience de la vie l'a conforté dans la croyance hermétique selon laquelle les vérités les plus profondes ne sauraient être révélées à la multitude.

D'évidence, on peut historiquement situer John Dee comme un mage de la Renaissance du type tardif, rosicrucien. Paracelsien et alchimiste, savant et ingénieur désireux de développer les sciences appliquées pour le bénéfice de ses compatriotes, débordant de projets pour faire avancer la science, accusé par l'opinion publique d'être un sorcier et un athée, Dee avait le sentiment d'être un innocent persécuté. "O Compatriotes ingrats", s'exclame-t-il dans sa préface à Euclide, "O Compatriotes Insensés et Ecervelés, Méprisants & Arrogants. Pourquoi m'opprimer ainsi avec tant de violence, par vos calomnies…" Un peu plus loin, il se compare significativement à "Ioannes Picus, Seigneur de Mirandula", qui fut lui aussi en butte "aux calomnies enragées de quelque ignorant plein de Malice [24]."

Dans le manifeste publié en Allemagne en 1614 par la prétendue Fraternité de la Rose-Croix [25], les caractéristiques de ce que j'appelle le mode de pensée rosicrucien sont nettement perceptibles. On y lit que les frères rose-croix possèdent les livres de Paracelse, et qu'ils se vouent à une activité toute philanthropique : soigner les malades, et ce à titre bénévole. Toujours selon ce manifeste, le fondateur de la Fraternité aurait pris les bases de sa vision du monde et de ses activités dans la "Magia" et la "Cabala" – un mode de pensée qu'il jugeait favorable à l'harmonie du monde entier. Le manifeste exprime le vœu d'une collaboration plus étroite entre magiciens-savants. Les sages de Fez, écrit le rédacteur, se communiquaient les uns aux autres leurs découvertes dans les domaines de la mathématique, de la physique et de la magie ; et il émet le souhait qu'une telle collaboration s'établisse entre mages, cabalistes, médecins et philosophes d'Allemagne. Que ce manifeste émane réellement ou non d'une société secrète, il expose un programme de type rosicrucien : dévotion à la magie et à la cabale, mélange de recherches magiques et scientifiques, médecine paracelsienne.

Les utopies de la Renaissance présentent de nombreuses traces d'influences hermétiques ;

on peut même en discerner, me semble-t-il, dans l'œuvre fondatrice de Thomas More. *La Cité du Soleil* de Campanella, que son auteur commença d'écrire en prison, à Naples, dans les premières années du XVIIe siècle, est une cité utopique gouvernée par des prêtres rompus à la magie astrale, qui savent comment préserver la santé et le bonheur de leur peuple par la connaissance qu'ils ont des moyens d'attirer les influences astrales bénéfiques [26]. Il s'agit au fond d'un usage philanthropique de la science magique, même si son application est quelque peu arbitraire. Les Solariens s'intéressent beaucoup, de façon générale, à la magie et à la science appliquées ; ils encouragent les inventions scientifiques, qui doivent toutes être mises au service de la communauté. Ils vivent en bonne santé, et sont habiles en médecine – une médecine de type ficinien ou paracelsien. Je rattacherais *La Cité du Soleil* à la phase tardive, rosicrucienne, du mouvement hermétique.

Ce parfum rosicrucien émane également d'une œuvre moins connue, la description de la cité idéale de Christianopolis composée par Johann Valentin Andreae, publiée à Strasbourg en 1619 [27]. La Christianopolis d'Andreae est fortement influencée par la Cité du Soleil de

Campanella. Ses habitants, tout comme les Solariens de Campanella, pratiquent la magie astrale, en même temps qu'ils manifestent un vif intérêt pour toutes les formes de recherche scientifique. Dans Christianopolis s'activent des savants qui appliquent leur science à des inventions destinées à accroître le bonheur et le bien-être collectifs.

Quand, après de semblables lectures, on en revient à une utopie beaucoup plus connue, *La Nouvelle Atlantide* de Francis Bacon (composée en 1624), il est impossible de ne pas y reconnaître quelque chose de la même atmosphère. La Nouvelle Atlantide est régentée par de mystérieux sages qui veillent à ce que les citoyens vivent en harmonie avec le cosmos. Dans cette utopie tardive, la sagesse traditionnelle s'oriente de plus en plus vers la recherche scientifique collective, visant à l'amélioration de la condition des hommes. Il faut cependant relever des différences significatives avec les premières utopies rosicruciennes que j'ai évoquées : les prêtres de la Nouvelle Atlantide ne pratiquent pas la magie astrale, ils ne sont pas vraiment des mages ; les institutions scientifiques de la cité s'approchent de ce que sera un peu plus tard la *Royal Society*. Mais il me paraît évident que la Nouvelle

Atlantide s'enracine dans la tradition hermétique et cabalistique de la Renaissance, même si celle-ci connaît une forme de rationalisation conforme à l'orientation générale du XVIIe siècle. Le mage a fait place au rosicrucien, et à son tour le rosicrucien fait place au savant ; mais la transition ne s'accomplit que de façon très progressive.

Francis Bacon est, à mon sens, une de ces figures mal comprises dont la place dans l'histoire a été faussée par certains historiens des sciences et de la philosophie, qui n'ont vu en lui, ainsi qu'en quelques autres, que des précurseurs de ce qui allait suivre, sans considérer leur enracinement dans le passé. Le seul ouvrage moderne consacré à Bacon qui me paraît adopter une approche historique juste est le *Francesco Bacone* de Paolo Rossi, publié en Italie en 1957 [28]. Le sous-titre en est significatif : *Dalla magia alla scienza*, "de la magie à la science". Rossi commence par évoquer à grands traits la tradition hermétique de la Renaissance, et note que l'insistance de Bacon sur l'importance des techniques ne saurait être dissociée de cette tradition, qui mêle inextricablement magie et technique. Il relève certains aspects de la philosophie de Bacon marqués par l'animisme de la Renaissance, et fait valoir que les deux idées fortes sur lesquelles se fonde la position de Bacon – la conception de la science comme un pouvoir, comme une force capable d'agir sur la nature et de la transformer, et la conception de l'homme comme l'être qui a été investi de la capacité de développer ce pouvoir – dérivent toutes deux, de façon assez reconnaissable, de l'idéal du mage de la Renaissance. L'étude de Bacon requiert la pleine connaissance de son enracinement dans la tradition hermétique de la Renaissance, insiste Rossi – tout en soulignant qu'une telle approche, si elle n'amoindrit nullement la grande importance de Bacon dans l'histoire des idées, devrait permettre aux historiens de faire ressortir et d'analyser la position qu'il y occupe réellement. Pour Rossi, l'extrême importance de Bacon tient surtout à son insistance sur la nature collective du travail scientifique, et sur le fait que l'avancement de la science ne dépend pas du seul génie individuel, mais de la mise en commun des efforts de nombreux chercheurs. Il souligne, et ce second point est lié au précédent, les attaques de Bacon contre l'usage du secret si profondément ancré dans l'ancienne tradition : celui qui fait œuvre scientifique ne doit pas voiler son savoir sous d'impénétrables énigmes, il doit le communiquer ouvertement à ceux qui sont engagés dans le même travail que lui. Rossi relève enfin la réticence de Bacon envers l'illuminisme et les prétentions des mages à la connaissance des secrets divins ; ce n'est pas par ce genre de déclaration présomptueuse que l'on peut approcher la nature, insiste Bacon, c'est en recourant avec humilité à l'examen et à l'expérience.

Il me semble que Rossi a bien indiqué la direction que devront suivre les futures recherches sur Bacon. Il faut étudier Bacon comme un rosicrucien, mais un rosicrucien d'un type nouveau, dont la mentalité s'est réformée dans le sens indiqué par Rossi : un rosicrucien renonçant au secret pour devenir un savant coopérant ouvertement avec d'autres savants au sein de la future *Royal Society* ; un rosicrucien renonçant également à la prétention d'incarner l'homme "divin" que célèbre la tradition hermétique en glorifiant la figure du mage, de l'illuminé, pour adopter l'attitude humble d'un observateur, d'un expérimentateur. Un point intéressant est à noter ici : l'humble retour à la nature par l'observation et l'expérimentation prôné par Bacon revêt un caractère moral ; cette attitude s'oppose sciemment à l'orgueil du mage de la Renaissance, cet orgueil confinant au péché qui lui faisait prétendre posséder des connaissances et des pouvoirs divins.

Et cependant, la défiance de Bacon envers le type du philosophe-mage ou du savant-mage s'inscrit elle-même dans un curieux contexte. Bacon, Rossi l'a souligné, concevait son projet d'*instauratio magna* des sciences comme un retour de l'homme à ce pouvoir sur la nature dont Adam était investi avant la Chute, mais que le péché lui a fait perdre. Par le péché d'orgueil, Aristote et les philosophes grecs dans leur ensemble ont perdu le contact immédiat avec la vérité naturelle ; et dans un passage significatif, Bacon souligne que ce péché d'orgueil s'est répété dernièrement, avec les extravagances des philosophes animistes de la Renaissance. Les élucubrations orgueilleuses des mages de la Renaissance représentent pour Bacon une sorte de seconde Chute, qui a faussé encore un peu plus le rapport de l'homme à la nature. C'est seulement par les humbles méthodes d'observation et d'expérimentation de la Grande Restauration que ce péché d'orgueil récemment renouvelé sera rédimé ; il en résultera, en récompense, une nouvelle rédemption de l'homme dans sa relation à la nature [29]. Ainsi, la réaction même de Bacon contre les mages, apparemment en faveur d'une conception plus moderne du savant, est encore sous-tendue par un étrange mysticisme cosmique. Bien qu'il semble que l'attitude de Bacon consiste à détrôner l'Adam hermétique, l'homme divin, sa conception de l'Adam biblique régénéré et appelé à entretenir avec la nature, après la Grande Restauration des sciences, un rapport nouveau, plus immédiat et plus puissant, cette conception semble nous ramener dans une atmosphère après tout guère différente de celle dans laquelle le mage vivait et évoluait. Cornelius Agrippa le répète en effet : c'est le pouvoir sur la nature perdu par Adam en commettant le péché originel que l'âme purifiée du mage illuminé saura reconquérir [30]. Bacon rejetait Agrippa avec mépris ; pourtant, son ambition d'un pouvoir sur la nature et son mysticisme adamique étaient déjà tous deux présents dans les aspirations du grand magicien – à ceci près que pour Bacon, la prétention du mage à l'illuminisme constitue en soi une nouvelle Chute par orgueil.

La défiance de Bacon envers les philosophes animistes, en qui il voit des mages orgueilleux responsables d'une seconde Chute, est d'une extrême importance pour comprendre la position qu'il adopte, la position réformée de l'homme de science voué à l'humilité et à l'observation. J'irais même plus loin que Rossi en suggérant que certaines des erreurs de Bacon ont pu être influencées par son désir de rationaliser et de rendre respectable une tradition que ses adversaires – les aristotéliciens des Ecoles aussi bien que les humanistes de la tradition rhétorique – regardaient avec beaucoup de suspicion. Les admirateurs de Bacon ont souvent été intrigués par son rejet de l'héliocentrisme copernicien, tout comme des travaux de William Gilbert sur l'aimant. Je voudrais suggérer, même si le temps me fait défaut pour l'établir dans le détail, que ces théories ont pu paraître à Bacon trop étroitement liées à certaines formes outrancières de magie et de philosophie animiste, ou par trop semblables aux idées orgueilleuses et fallacieuses de quelque mage.

Dans les ouvrages retentissants publiés par Giordano Bruno durant son séjour en Angleterre, que Bacon connaissait très certainement, Bruno avait recouru à l'héliocentrisme en l'associant à la forme extrême d'hermétisme magique et religieux qu'il prêchait en Angleterre. Ses convictions coperniciennes étaient corrélées à sa vision magique de la nature ; il associait l'héliocentrisme à la magie solaire de Ficin, et fondait son argumentation en faveur du mouvement de la terre autour du soleil sur un texte hermétique qui affirme que la terre se meut parce qu'elle est vivante [31]. Bruno avait ainsi associé la théorie copernicienne à la philosophie animiste d'un type extrême de mage. Lorsque Bacon déplore le péché d'orgueil des philosophes responsables de la seconde Chute – ces philosophes qui, persuadés d'être divinement inspirés, ont créé de nouvelles sectes philosophiques à partir d'idées jaillies de leur seule imagination personnelle, imprimant leur propre image sur le cosmos au lieu de s'appliquer, en toute humilité, à approcher la nature par l'observation et l'expérimentation – il cite Bruno comme un exemple de ces *illuminati* fourvoyés, avec Patrizi, William Gilbert et Campanella [32]. Se pourrait-il que Bacon ait rejeté l'héliocentrisme parce qu'il l'assimilait aux élucubrations et aux outrances d'un mage hermétique tel que Bruno ? Et serait-il possible que, de la même façon, les recherches de William Gilbert sur les aimants, et la philosophie magnétique de la nature qu'il leur associait, ait paru à Bacon émaner de la philosophie animiste d'un de ces mages qu'il réprouvait ?

Dans les traités de magie, l'aimant est toujours donné en exemple de l'action des sympathies occultes. Giovanni Baptista Porta, par exemple, dans les chapitres qu'il consacre aux sympathies occultes et à leur usage dans la magie naturelle, mentionne constamment la pierre d'aimant [33]. Les philosophes animistes aussi ont beaucoup utilisé l'image de l'aimant : Giordano Bruno y recourt quand il expose dans *La Cena de le Ceneri* sa conception animiste de l'héliocentrisme [34]. On n'a pas suffisamment souligné, me semble-t-il, la proximité qui existe entre ce que Bruno écrit dans la *Cena* et la défense de l'héliocentrisme que l'on trouve dans le *De Magnete* de Gilbert. Comme Bruno, en effet, Gilbert en appelle à Hermès Trismégiste et à d'autres *philosophi prisci* qui ont affirmé que la nature est animée d'une vie universelle quand il défend l'idée du mouvement de la terre [35]. Certains passages du *De Magnete* sonnent presque comme des citations directes de *La Cena de le Ceneri*. La philosophie magnétique que Gilbert étend à la totalité de l'univers est, à mon sentiment, très étroitement liée à la philosophie de Bruno. Dès lors, il n'est pas étonnant que Bacon ait rangé Gilbert, avec Bruno, parmi les philosophes animistes dont il condamnait l'orgueil et l'imagination [36] ; rien d'étonnant non plus à ce qu'il ait pris des spéculations sur l'héliocentrisme ou sur le magnétisme pour de dangereuses élucubrations émanant de tels illuminés – de ces spéculations que l'humble savant expérimentaliste, qui se défie d'hypothèses aussi hardies, se doit d'écarter.

Je voudrais revenir enfin sur une idée que j'ai déjà laissé entrevoir. Se pourrait-il que la réputation de John Dee – cette réputation de sorcier recourant à la magie des nombres dans le monde supra-céleste pour évoquer les anges, avec le manque d'humilité coutumier aux mages que déplorait Bacon – ait aussi rendu suspectes à Bacon les opérations fondées sur les nombres dans les mondes inférieurs ? Les mathématiques étaient-elles, dans son esprit, par trop associées à la magie, au monde intermédiaire et aux astres, et serait-ce là une des raisons pour lesquelles il les a quelque peu négligées ou mésestimées dans sa méthode ? Je ne fais que poser des questions, de façon évidemment un peu intuitive ; mais ces questions n'ont jamais été posées jusqu'à présent, et je les pose en partie pour faire réagir les historiens des sciences, pour les inciter à aborder sous un angle nouveau cette figure majeure. Voir en Francis Bacon un esprit issu de la tradition hermétique de la Renaissance, et préoccupé de se démarquer de certaines formes de cette tradition qu'il jugeait extrêmes et dangereuses, voilà qui pourrait bien conduire, au bout du compte, à envisager selon une perspective nouvelle aussi bien sa pensée que son attitude envers ses contemporains. Il serait intéressant d'établir des comparaisons minutieuses entre les œuvres de Dee, de Bacon et de Fludd. D'un tel examen, Bacon pourrait bien sortir surclassé sur le plan scientifique par ces rosicruciens de type extrême que sont Dee et Fludd ; Dee le surclasserait certainement, et même Fludd terminerait peut-être mieux classé que l'on n'imagine.

Tout ceci ne remet cependant pas en cause la grande importance de Bacon. Comparé à Dee et à Fludd, Bacon est indiscutablement entré dans une ère nouvelle par l'idée qu'il se fait du rôle, et même du caractère, du savant. Il est certes le descendant du mage en ce qu'il conçoit la science comme un pouvoir, et l'homme comme le détenteur de ce pouvoir ; mais il rejette l'ancienne conception du mage pour adopter une attitude que l'on peut juger moderne, pour peu qu'on laisse de côté le mysticisme adamique qui sous-tend la Grande Restauration. Bacon a évidemment les qualités requises pour devenir membre de la future *Royal Society*, bien qu'il ait encore quelques liens résiduels avec la tradition occulte – c'était le cas de la plupart des membres fondateurs de la *Royal Society*. La figure de Bacon est un exemple frappant des transformations subtiles par lesquelles la tradition magique de la Renaissance adopte, de façon presque imperceptible, un caractère propre au XVIIe siècle, et entre ainsi dans une ère nouvelle.

Aussi voudrais-je inciter les historiens des sciences à ne pas lire cette période seulement sous l'angle prospectif, pour y trouver des préfigurations de ce qui allait advenir, mais aussi sous l'angle rétrospectif, en recherchant les liens de cette période avec ce qui l'a précédée. L'histoire des sciences qui résulterait de ce genre d'efforts risquerait d'être outrancière, et partiellement fausse. Mais en ce cas, l'histoire des sciences fondée sur un point de vue exclusivement prospectif est tout aussi outrancière, et partiellement fausse : elle interprète à contresens les grands esprits du passé en tirant du contexte global de leur pensée ce qui semble aller dans le sens de développements modernes, et en n'en retenant que cela. Ce n'est peut-être que dans un avenir bien éloigné que l'on parviendra à un juste équilibre entre ces deux approches, qui sont toutes deux essentielles et apportent chacune leur lot de découvertes. D'ici-là, poursuivons notre enquête, où la mise au jour d'influences hermétiques chez telle ou telle grande figure reconnue comme un précurseur de la science moderne doit aller de pair avec la mise au jour d'une authentique importance scientifique chez des figures jusqu'à présent ravalées au rang d'occultistes, rejetées hors du domaine de la science.

Et il nous faut constamment prendre garde à ne pas donner l'impression de vouloir jeter le soupçon sur ces figures majeures lorsque nous révélons chez elles des affiliations insoupçonnées à la tradition hermétique. De telles découvertes n'enlèvent rien à leur grandeur ; mais elles démontrent l'importance de la tradition hermétique à la Renaissance comme antécédent immédiat de l'émergence de la science. On en a l'exemple avec Giordano Bruno, à qui j'ai consacré tout un livre. Bruno a longtemps été salué comme le philosophe de la Renaissance qui avait brisé le carcan de la pensée médiévale, abandonnant la conception archaïque du cosmos pour l'héliocentrisme copernicien et la vision d'un univers infiniment étendu ; il s'est révélé être un mage "égyptien" d'un type extrême, tout imprégné des écrits hermétiques. Sa vision d'un univers infini régi par les lois de l'animisme magique, sur lesquelles le mage fonde ses opérations, n'est pas une vision médiévale, ou rétrograde : elle est bel et bien avant-courrière de la vision du XVIIe siècle, mais s'exprime encore dans un cadre de pensée propre à la Renaisance. Comme j'ai essayé de le montrer dans cet article, même le développement des mathématiques et de la mécanique, qui a rendu possible les progrès du XVIIe siècle, a pu être favorisé à ses débuts par des influences hermétiques. Peut-être convient-il d'envisager l'émergence de la science moderne comme un processus en deux phases : la première est la phase hermétique, ou magique, de la Renaissance, reposant sur une philosophie animiste ; la seconde correspond au développement, au XVIIe siècle, de la première période, dite "classique", de la science moderne. On devrait à mon sens étudier ces deux mouvements en les corrélant : graduellement, la seconde phase a estompé la première, processus que fait bien apparaître la double approche consistant à déceler des préfigurations de la seconde phase dans la première, et des survivances de la première phase dans la seconde. On trouve de telles survivances jusque chez Isaac Newton, la chose est à présent bien connue, et même chez Galilée, si l'on suit le professeur Garin [37] ; et Kepler est l'exemple éclatant d'une grande figure moderne qui a encore un pied dans l'ancien monde de l'harmonie universelle où évoluait le mage.

A la Renaissance et au début du XVIIe siècle ont été publiés quantité d'énormes volumes qu'aucun chercheur n'a la force d'affronter seul. Ils dorment paisiblement sur les rayons des bibliothèques ; on se contente de les feuilleter, et l'on préfère généralement l'activité plus simple et plus lucrative consistant à écrire de petits livres sur la Renaissance et sur le XVIIe siècle, où les grands noms – Kepler, Newton, Galilée – nous viennent spontanément sous la plume. Pourtant, comprenons-nous vraiment ce qui s'est passé ? Quelqu'un a-t-il vraiment expliqué d'où sont sortis Kepler, Newton et Galilée ? J'aimerais qu'un effort collectif soit engagé sur ces énormes volumes abandonnés à leur sommeil, plutôt que sur les écrits des grands auteurs, facilement accessibles en éditions modernes. Je pense en particulier à deux ouvrages auxquels je me suis souvent colletée : le *De Harmonia Mundi* de Francesco Giorgi, et *L'Harmonie universelle* de Marin Mersenne. *L'Harmonie du Monde* de Giorgi est saturée d'influences hermétiques et cabalistiques ; le franciscain qui en est l'auteur était un disciple direct de Pic de la Mirandole. Ce gros volume présente le développement, selon la tradition hermétique et cabalistique de la Renaissance, du très ancien thème de l'harmonie du monde. Mersenne, lui, est un religieux du XVIIe siècle ami de Descartes. Tout comme Bacon l'a fait dans son domaine, il s'en prend au vieux monde de la Renaissance pour le liquider : son *Harmonie universelle* n'aura rien à voir avec l'*anima mundi*, ni avec Francesco Giorgi qu'il critique sévèrement. Les mathématiques remplacent la numérologie dans l'univers harmonique de Mersenne ; la magie en est bannie ; on est entré dans le XVIIe siècle. Le processus selon lequel Mersenne supplante Giorgi mis au ban est à peu près parallèle au processus selon lequel Bacon supplante la figure du mage. C'est peut-être dans ces transitions entre la Renaissance et le XVIIe siècle que l'on pourra en quelque manière percer le grand mystère – le mystère de l'apparition de la science. Mais pour comprendre Mersenne, et le rejet de Giorgi par Mersenne, il faut savoir d'où venait Giorgi. Il était issu de la tradition pythagorico-platonique à laquelle ont été incorporés Hermès Trismégiste et la Cabale.

Dans un compte rendu de mon livre sur Bruno [38], Allen G. Debus laisse entendre que j'ai exagéré l'importance de la datation des *Hermetica* par Isaac Casaubon, en 1614, en lui attribuant un affaiblissement de l'influence des traités hermétiques après cette date. Il fait remarquer que "la première moitié du XVIIe siècle a vu un intérêt accru pour une approche occulte de la nature, qui est parallèle au développement de la philosophie mécaniste durant la même période. Le véritable effondrement de la science magique de la Renaissance ne se produit qu'après 1660. Jusqu'à cette date, celle-ci constitue une force positive qui incite certains savants à adopter une approche nouvelle de la nature, fondée sur l'observation [39]." Je reconnais la justesse de cette critique ; je crois que j'ai effectivement surestimé l'importance de la datation de Casaubon, qui a été totalement ignorée par des auteurs comme Fludd et Kircher, par exemple ; et je crois également, comme je l'ai suggéré dans le présent article, que la phase tardive du mouvement de la Renaissance, cette phase que j'aimerais qualifier de “rosicrucienne”, a continué d’exercer une forte influence tout au long du XVIIe siècle. Néanmoins, je continue à penser que la datation de Casaubon a bel et bien marqué un tournant dans l’histoire, et peut nous aider à définir et à délimiter le mouvement hermétique. Il ne faut certes pas donner une importance exagérée à la diffusion des écrits hermétiques par Ficin, et à la conversion de celui-ci à la philosophie hermétique et à ses pratiques, en négligeant les nombreuses autres influences qui ont pu stimuler le mouvement ; mais c’en était le fondement même, et c’est essentiellement, à mon sens, la relation hermétique de l’homme au cosmos adoptée par Ficin et Pic de la Mirandole qui a induit cette attention nouvelle portée au monde et ce désir d’agir sur lui qui, d’abord apparus sous la forme de la magie de la Renaissance, allaient se transformer pour donner naissance à la science du XVIIe siècle. Et c’est l’autorité que l’erreur de datation des *Hermetica* a donnée à ces écrits qui a autorisé des attitudes et des comportements que saint Augustin avait sévèrement condamnés, et que l’Eglise proscrivait. Ficin croyait que les *Hermetica* avaient été écrits bien des siècles avant la naissance du Christ, par un saint Egyptien qui avait eu la prémonition de la venue du Christ : c'est pour cette raison que lui et d'autres chrétiens se sont sentis encouragés à se jeter dans la magie hermétique. En établissant que les *Hermetica* ont été écrits après la naissance du Christ, Casaubon a détruit une illusion sans laquelle le mouvement n'aurait pu prendre son essor ; pour autant, il ne pouvait le stopper net dès lors qu'il avait acquis une telle force et une telle influence. Voilà peut-être une façon plus juste de formuler les choses.

Il serait absurde, évidemment, de suggérer que les textes hermétiques et l'interprétation qu'en a donnée Ficin ont été les seules causes du mouvement. Il n'ont été que des facteurs, mais des facteurs déterminants, dans la propagation d'un nouveau climat dans une opinion européenne toute prête à accepter des modes de pensée magico-religieux et magico-scientifiques. Le néo-platonisme proprement dit favorisait ce climat, tandis que les traditions médiévales du même type reprenaient vie. Si l'on incorpore à cette tradition le renouveau du platonisme, avec l'intérêt pythagorico-platonicien pour les nombres qui lui est associé ; l'épanouissement des théories de l'harmonie du monde conjointement induites par ce platonisme pythagorique, par l'hermétisme et par le cabalisme ; l'intérêt accru pour l'astrologie, qui a favorisé les véritables recherches astronomiques ; et si l'on ajoute à tout ce courant d'influences entrecroisées le développement de nouvelles formes d'alchimie, il est, je crois, impossible de nier que ce sont ces forces issues de la Renaissance qui ont orienté les esprits dans la direction où la révolution scientifique allait poindre. C'est cette tradition qui a renversé Aristote au nom d'un univers unifié, sous-tendu par une seule loi, la loi de l'animisme magique. C'est cette tradition qui a affronté l'humanisme rhétorique et littéraire, alors florissant et dominant. C'est cette tradition qui a ouvert la voie au triomphe du XVIIe siècle. Mais il faut y insister : toute la masse des recherches de détail nécessaires pour mettre au jour ce mouvement n'a pas encore été menée à bien. Ce travail est devant nous.

Il est un autre angle encore sous lequel on peut envisager cette étrange histoire de la relation que la tradition hermétique renaissante a entretenu avec la science. On peut se demander si le XVIIe siècle n'a pas écarté certaines idées issues de la tradition qu'il a supplantée qui seraient en réalité plus proches de la conception de l'univers révélée par la science d'aujourd'hui. L'univers de Bruno, cet univers animé par la magie, si proche de l'univers magnétique de Gilbert, n'était-il pas une meilleure conjecture de la nature de la réalité que l'univers, tellement plus rationnel en apparence, des philosophes mécanistes ?

Il serait peut-être éclairant de distinguer deux phases dans la révolution scientifique : la première correspondant à un univers animiste sur lequel on agit par des opérations magiques, la seconde à un univers mathématique, sur lequel on agit par des procédés mécaniques. Enquêter sur ces deux phases, et sur leur interaction, constituerait peut-être une approche plus fructueuse des problèmes dont traite la science d'aujourd'hui que celle qui se concentre uniquement sur le triomphe du XVIIe siècle.

Dans son compte rendu, le professeur Debus cite ces lignes extraites de mon livre [40], et il ajoute : “Je souscris de tout cœur à cette opinion ; c'est en substance l'approche que j'ai moi-même adoptée dans mes cours sur la science de la Renaissance.” Il est pour moi extrêmement gratifiant d'apprendre qu'un point de vue que j'ai émis presque en tremblant de crainte est déjà la base de ce que l'on enseigne aux Etats-Unis sur le sujet. Je ne dois cependant pas me faire passer pour ce que je ne suis pas ; et, de même que j'ai pris soin de préciser au début que je n'avais rien d'une magicienne, il me faut davantage encore prendre soin de préciser en conclusion que je n'ai rien d'une savante. Pourtant, quand j'ai lu dans l'*Observer* du 26 septembre 1965 que cinq cents des savants les mieux payés du monde étaient réunis à Oxford, palpitants d'émotion et d'espérance parce qu'ils pensaient que la physique des hautes énergies, qui pénètre toujours plus avant au cœur de la matière, était peut-être sur le point de leur donner accès à "un niveau de réalité tout à fait nouveau", il m'a semblé reconnaître là quelque chose de familier. Dans le manifeste rosicrucien de 1614, il est annoncé qu'une grande aurore ne va pas tarder à poindre, et qu'à sa lumière l'homme va bientôt "comprendre la noblesse et la magnificence qui sont les siennes, sa condition de microcosme, et la profondeur de son art dans la pénétration de la nature." Peut-être n'est-ce pas tant la vision étroite propre à la révolution scientifique du XVIIe siècle que ces mots prophétisent, que celle d'une autre aurore encore. Et – en dépit de sa croyance en le pouvoir des talismans et en la conjuration des anges – peut-être la vision qu'un rosicrucien tel que John Dee se faisait de la nature, comme un réseau de forces magiques sur lesquelles les mathématiques donnent prise, est-elle plus proche de cette nouvelle aurore que l'ignorante que je suis ne peut le comprendre.

COPERNIC

SI VOUS PRENEZ entre vos mains le grand ouvrage de Copernic et que vous l'ouvrez à la page de l'extraordinaire diagramme qui représenta pour la première fois le soleil au centre, avec la Terre et les autres planètes en révolution autour de lui, vous verrez, juste au-dessous du diagramme, les mots suivants (je les traduis du latin) :

> Au centre de tout réside le soleil. Qui, en effet, dans ce temple splendide (l'univers), pourrait placer ce grand luminaire en un lieu autre ou meilleur que celui d'où il peut tout illuminer à la fois ? Ainsi ce n'est pas improprement que certains l'appellent la lampe du monde, d'autres son esprit, d'autres son recteur. Trismégiste l'appelle dieu visible… [1]

C'est avec une révérence, un émerveillement proprement religieux que Copernic présente ce diagramme appelé à faire date, avec le soleil au centre. Il voit l'univers comme un temple immense, éclairé par un grand luminaire central ; et à l'appui de cette vision religieuse du soleil, il cite comme une autorité Trismégiste, qui a qualifié le soleil de dieu visible.

net, in quo terram cum orbe lunari tanquam epicyclo contineri diximus. Quinto loco Venus nono mense reducitur. Sextum denique locum Mercurius tenet, octuaginta dierum spacio circū currens. In medio uero omnium residet Sol. Quis enim in hoc

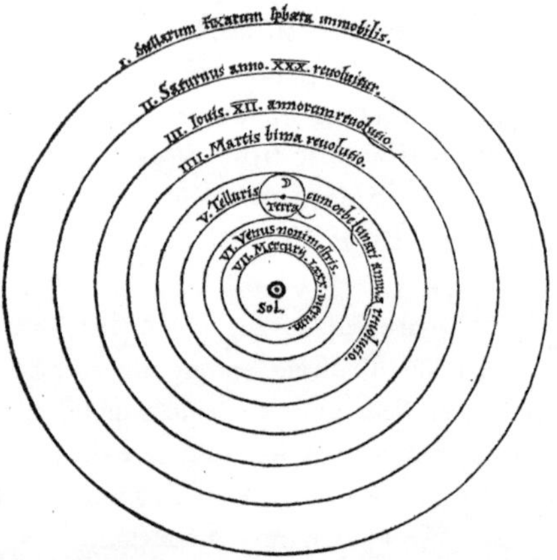

pulcherimo templo lampadem hanc in alio uel meliori loco poneret, quàm unde totum simul posit illuminare? Siquidem non inepte quidam lucernam mundi, alij mentem, alij rectorem uocant. Trimegistus uisibilem Deum, Sophoclis Electra intuentē omnia. Ita profecto tanquam in solio regali Sol residens circum agentem gubernat Astrorum familiam. Tellus quoque minime fraudatur lunari ministerio, sed ut Aristoteles de animalibus ait, maximā Luna cū terra cognatio nē habet. Concipit interea à Sole terra, & impregnatur annuo partu. Inuenimus igitur sub hac

Qui est ce Trismégiste cité par Copernic comme une autorité pour donner au soleil cette position capitale ? Nul autre qu'Hermès Trismégiste, l'auteur supposé de ces écrits que l'on nomme les *Hermetica*, qui ont eu à la Renaissance une influence considérable [2]. Ils datent du IIe ou du IIIe siècle de notre ère environ ; mais les érudits de la Renaissance croyaient qu'ils remontaient à la plus haute Antiquité, et qu'ils avaient été composés par l'"Hermès Trismégiste" mentionné dans les textes, à une époque qu'ils s'imaginaient être à peu près celle où vécut Moïse. Ils pensaient qu'Hermès Trismégiste était un prêtre égyptien, qui dans ces écrits avait révélé quelque chose de la philosophie et de la religion de l'ancienne Egypte ; ils étaient convaincus qu'il avait influencé Platon, lequel avait dû s'abreuver à cette source d'antique sagesse. Lorsqu'on rapporta à Florence des manuscrits récemment découverts des œuvres de Platon, au XVe siècle, un codex contenant les écrits hermétiques fut rapporté en même temps. Marsile Ficin attendait ces manuscrits pour les traduire tous en latin. Le vieux Cosme de Médicis, mourant, ordonna à Ficin de traduire Hermès Trismégiste en premier, avant même d'entreprendre sa traduction de Platon. Cette anecdote nous donne idée du profond respect qu'inspirait alors Hermès Trismégiste, prêtre de l'ancienne Egypte, auteur supposé d'ouvrages que l'on croyait antérieurs à Platon, et dont Platon aurait subi l'influence.

Que représentent ces écrits hermétiques ? La question divise les spécialistes modernes. Ils reflètent sans aucun doute des influences très diverses, qui circulaient dans l'Antiquité tardive à l'époque où ils ont effectivement été rédigés. Ils recèlent des idées platoniciennes et stoïciennes, qui dérivent de versions vulgarisées de la philosophie grecque. On y décèle aussi probablement une certaine influence persane, et plus probablement encore une influence hébraïque.

Le récit hermétique de la Création qui figure dans le dialogue intitulé *Pimandre* rappelle vaguement la Genèse à tous ceux qui le lisent ; cette impression a étayé à la croyance selon laquelle Hermès Trismégiste avait été le quasi contemporain de Moïse, auteur supposé de la Genèse. Il n'est pas du tout impossible de déceler des influences égyptiennes dans les *Hermetica* : les temples égyptiens étaient encore en activité à l'époque où ils ont été composés. Sur ce problème, les spécialistes divergent ; certains d'entre eux récusent toute influence égyptienne, comme Festugière, le grand érudit français qui a édité ces textes et les a traduits en français. D'autres pensent qu'ils présentent bel et bien quelques traces d'une influence égyptienne. Ce que l'on peut dire en gros, c'est que les *Hermetica* se rattachent à l'atmosphère intellectuelle de l'Antiquité tardive – l'époque de la diffusion du christianisme dans un monde qui était un creuset où se mêlaient bien des religions et des philosophies. Ficin et les érudits de la Renaissance croyaient, tout comme certains des Pères de l'Eglise, qu'il fallait voir en Hermès un prophète annonciateur du christianisme ; et ils s'appliquaient à concilier le mysticisme hermétique avec la religion chrétienne.

De ces écrits hermétiques émane en effet une atmosphère profondément religieuse, mystique et magique ; ils enseignent une sorte de religion cosmique où le soleil est envisagé comme une révélation de la divinité. Même quand on les lit aujourd'hui, en ayant présent à l'esprit tout l'apparat critique dont l'érudition moderne les a entourés, ils font forte impression. Quand on les lisait comme Copernic a dû les lire, c'est-à-dire comme les écrits d'un sage égyptien de la plus haute antiquité, cette impression devait être formidable.

Les paroles citées par Copernic proviennent du traité hermétique intitulé *Asclepius*, un dialogue entre Hermès et un disciple qui porte ce nom ; dans le cours du dialogue, Hermès déclare :

> ... le soleil lui-même, s'il illumine le reste des étoiles, ce n'est pas tant par la puissance de sa lumière que par sa divinité et sa sainteté. Et c'est bien lui que tu dois tenir pour le second dieu, Asclepius, lui qui gouverne toutes choses, qui répand sa lumière sur tous les vivants de la terre, ceux qui ont une âme et ceux qui n'en ont pas. [3]

Copernic cite la formule selon laquelle le soleil est le "second dieu", mais il écrit que le soleil est selon Trismégiste le "dieu visible". Les deux formules ont le même sens [4] : elles font du soleil le second d'une série de dieux, ou bien celui qui rend visible cette série issue d'une lumière incréée. Et Copernic ne se contente pas de citer l'affirmation d'Hermès à propos du soleil : les mots mêmes qu'il emploie reflètent toute l'atmosphère de la "religion du monde", cette approche du divin à travers le cosmos caractéristique des traités hermétiques que les néo-platoniciens de la Renaissance s'appliquaient à concilier tout à la fois avec le platonisme et avec le christianisme.

L'*Asclepius*, le dialogue que cite Copernic, comprend une description frappante de ce que les lecteurs de la Renaissance prenaient pour la magie de l'Egypte : il décrit les opérations par lesquelles les prêtres égyptiens animaient les statues de leurs dieux. Il contient aussi une remarquable lamentation sur le déclin de la sainte religion égyptienne.

Marsile Ficin, dont les traductions et les autres écrits ont assuré la diffusion du courant de pensée qu'on appelle le néo-platonisme de la Renaissance, était pénétré d'un si profond respect pour Hermès Trismégiste qu'il a enseigné dans ses ouvrages un mysticisme solaire mêlé d'influences chrétiennes, et pratiqué lui-même diverses techniques pour attirer les influences solaires qui s'apparentaient à une forme de magie blanche. Un chercheur [5] a récemment établi que son livre *De vita cœlitus comparanda* ("Comment attirer la vie céleste [6]") s'appuie sur l'*Asclepius*, ce dialogue hermétique qui donne au soleil une place primordiale, et qui expose un type de magie que Ficin et ses amis tenaient pour égyptienne.

Au temps de Copernic, le néo-platonisme renaissant, avec son fond d'hermétisme, était la nouvelle philosophie à la mode ; il avait détrôné la scolastique médiévale. La citation de “Trismegistus” que Copernic place au-dessous de son diagramme du système solaire atteste qu’il avait assimilé le mysticisme solaire hermétique associé au néo-platonisme, qui était la philosophie caractéristique de son époque. Cela fait longtemps déjà que l’on a signalé qu’il présente sa découverte en l’inscrivant dans un cadre religieux. Alexandre Koyré a souligné l’importance que le soleil revêtait pour Copernic d’un point de vue mystique et religieux ; il a évoqué l’influence qu’ont exercée sur lui le néo-platonisme et le néo-pythagorisme de la Renaissance, et suggéré le rapprochement avec Ficin [7]. Mais d’une façon générale, jusqu’à ces dernières années, on n’a guère reconnu le rôle important qu’a joué le fond hermétique du néo-platonisme en favorisant un nouvel état d’esprit, une nouvelle attitude par rapport au soleil.

Maintenant – que ce soit bien clair –, je ne dis pas que Copernic est parvenu à sa grande découverte par la magie et le mysticisme hermétiques. Il y est parvenu selon une démarche authentiquement scientifique, parce qu’il était un excellent mathématicien. Ce que j’essaie de faire sentir, c’est l’*atmosphère* dans laquelle il est arrivé à cette découverte. Pourquoi Copernic s’est-il intéressé au soleil ? Quelle fut l’incitation, affective ou religieuse, qui l'a conduit à entreprendre ses recherches, et à découvrir qu'"au centre de tout réside le soleil" ?

On pourrait dire que l'importance extrême conférée au soleil dans la nouvelle vision du monde propagée par le néo-platonisme hermétique fut cette incitation, de nature affective, qui a conduit Copernic à entreprendre des calculs sur l'hypothèse selon laquelle le soleil se trouverait en réalité au centre du système planétaire. On pourrait dire aussi qu'il a voulu faire accepter sa découverte en l'inscrivant dans ce nouveau cadre de pensée. Peut-être les deux explications sont-elles vraies, ou une part de chacune d'elles. Quoi qu'il en soit, la découverte de Copernic est apparue tout auréolée de la bénédiction d'Hermès Trismégiste, accompagnée d'une citation de l'ouvrage fameux où Hermès décrit le culte que les Egyptiens rendaient au soleil dans leur religion magique.

C'est là un fait que les historiens des idées doivent prendre en considération, quelle que soit l'interprétation qu'ils en donnent. Pour moi, c'est un des nombreux indices qui montrent que la révolution scientifique n'a pas éclaté tout d'un coup à la fin du Moyen Age. Il y a eu une étape intermédiaire : le néo-platonisme de la Renaissance avec son fond de magie, ce néo-platonisme dont on commence tout juste à comprendre la véritable nature – une force inductrice qui a incité les hommes à s'engager dans l'investigation du monde.

Au siècle suivant, un célèbre philosophe italien fit de l'héliocentrisme copernicien un point fondamental de son enseignement : Giordano Bruno, qui, dans une série de dialogues publiés en Angleterre en 1584, soutint hardiment, au milieu d'une assemblée de docteurs d'Oxford qu'il présente comme une opposition réactionnaire et obscurantiste, que le soleil était au centre [8]. Sept ans plus tard, Bruno s'en retourna en Italie, où il fut jeté dans les geôles de l'Inquisition et brûlé vif comme hérétique en 1600. Si Copernic est un héros de la science moderne, on a longtemps présenté Bruno comme un martyr de cette science moderne [9], condamné au bûcher pour avoir cru en la théorie copernicienne. Mais assez récemment, de même que l'on s'est aperçu que Copernic cite Hermès à propos du soleil, on a réalisé que les idées en lesquelles croyait Bruno, et qu'il s'efforçait de propager, étaient en fait une interprétation foncièrement hermétique de l'héliocentrisme copernicien. Dans l'un des dialogues qu'il a composés en

Angleterre, il cite longuement l'un des traités hermétiques, l'*Asclepius*, et proclame que la religion magique qui y est décrite est la vraie religion. Il cite aussi de l'*Asclepius* l'émouvante lamentation sur la disparition de l'antique et vraie religion dans le monde [10]. Dans cette lamentation, il est prédit que la véritable religion, que les hommes ont abandonnée, doit revenir. Bruno cite les paroles de l'*Asclepius*, dont les accents fervents s'apparentent à ceux des prophéties hébraïques : Dieu "ramènera le monde à sa beauté première, pour que ce monde lui-même paraisse digne à nouveau de révérence et d'admiration, et que Dieu aussi, créateur et restaurateur d'un si grand ouvrage, soit glorifié, par les hommes qui vivront alors, en des hymnes continuels de louange et de bénédiction [11]." Et il est clair, de ce que Bruno dit de l'héliocentrisme de Copernic, qu'il le voit comme une sorte de présage ou de prophétie annonçant le retour de cette antique et vraie religion. Copernic, dit Bruno, n'était qu'un mathématicien [12] ; il n'a pas pénétré la signification la plus profonde de sa découverte plaçant le soleil au centre. Bruno voit Copernic comme un homme "désigné par les dieux comme une aurore annonçant le retour du soleil de l'antique et vraie philosophie [13]" –

l'antique et vraie philosophie étant la philosophie religieuse hermétique. Ainsi, le plaidoyer de Bruno en faveur de Copernic avait des significations tout autres que celles perçues par les érudits du XIXe siècle qui l'admiraient comme un martyr de la science moderne.

On peut étudier plus précisément cette méprise au sujet de Bruno à partir de ce que l'on sait aujourd'hui de sa dispute avec les docteurs d'Oxford. Bruno lui-même prétend qu'alors qu'il exposait la théorie copernicienne aux docteurs d'Oxford, l'un d'eux s'exclama qu'il se trompait. On fit apporter le livre de Copernic, on examina le diagramme, et Bruno (à ce qu'il prétend) démontra que c'était lui qui avait raison [14]. Mais une autre relation de cette dispute a récemment été découverte, qui présente l'épisode du point de vue des docteurs d'Oxford [15]. Bruno déclame un discours passionné sur le soleil ; un des docteurs s'avise qu'il a déjà lu quelque chose comme ça quelque part. Il va chercher un livre, et prouve que l'on y trouve déjà toute l'argumentation de Bruno. Ce livre est le *De vita cœlitus comparanda* où Ficin décrit sa magie hermétique et solaire.

Cette dispute avec les docteurs d'Oxford, où Bruno fait l'apologie de la théorie de

Copernic, a été le principal fondement de la légende selon laquelle il serait mort en martyr pour la théorie copernicienne, comprise dans sa dimension scientifique. Mais les docteurs d'Oxford étaient de toute évidence parfaitement conscients des significations hermétiques que Bruno déchiffrait dans ce qu'écrit Copernic de la position centrale du soleil. Au vrai, on peut même aujourd'hui se demander si le véritable objet de la dispute n'était pas le nom de Trismégiste au-dessous du diagramme : Bruno ne l'a-t-il pas pris pour confirmation de la mission dont il se croyait investi – propager à travers l'Europe la doctrine hermétique, héliocentrique et religieuse comme un moyen de mettre fin aux dissensions religieuses, par un retour à l'antique et vraie religion magique ?

Les écrits si singuliers de Bruno sont un exemple remarquable de la façon dont l'imagination philosophique et scientifique a pu être stimulée par les influences hermétiques cachées dans le néo-platonisme de la Renaissance. Et son extravagante interprétation de Copernic trouvait du moins quelque justification dans la curieuse remarque que Copernic lui-même a inscrite au-dessous de son diagramme : “Trismégiste appelle le soleil dieu visible.”

NEWTON

LES TRAVAUX réalisés ces dernières années sur les manuscrits inédits d'Isaac Newton n'ont pas diminué son importance en tant que brillant mathématicien, auteur des *Principia* et de l'*Optique* [1]. Mais ils ont modifié le contexte dans lequel nous situons désormais Newton : ces papiers inédits font en effet apparaître que cette figure majeure de la révolution scientifique du XVIIe siècle était encore profondément attachée à des idées que nous tenons pour caractéristiques de la Renaissance.

Dans leur article révolutionnaire "Newton and the Pipes of Pan", publié dans les *Notes and Queries* de la *Royal Society* en 1966, J. E. McGuire et P. M. Rattansi ont cité des extraits de ces manuscrits inédits qui montrent que Newton, en découvrant la loi de la gravitation universelle et le système du monde qui lui est associé, croyait redécouvrir une vérité ancienne, déjà connue de Pythagore et cachée dans le mythe d'Apollon et de sa lyre à sept cordes.

Cette foi en l'antique vérité recelée par les mythes, profondément enracinée dans la pensée de la Renaissance, était liée pour Newton à la croyance qui faisait d'Hermès Trismégiste un sage de l'ancienne Egypte ; il ignorait la datation beaucoup plus tardive des *Hermetica* établie par Isaac Casaubon [2].

Dans mon livre *Giordano Bruno et la tradition hermétique* (1964), j'ai suggéré que l'univers hermétique de Bruno s'est transformé en "quelque chose qui ressemblerait à l'univers mécaniste d'Isaac Newton [3]." Depuis qu'ils ont étudié ses papiers inédits, il semble que les spécialistes de Newton inclinent désormais à penser que sa mécanique a subi l'influence de l'hermétisme ; si bien que Newton est aussi, en un sens, un philosophe hermétique.

La révélation la plus saisissante apportée par ces documents inédits, c'est que Newton ne s'est pas simplement intéressé à l'alchimie (cela, on l'a toujours su), c'est qu'il a consacré davantage de temps et d'énergie à sa quête hermétique qu'à ses travaux mathématiques. Il a collectionné les livres d'alchimie, il s'est appliqué à décrypter les procédés scientifiques qu'il se figurait cachés dans les mythes alchimiques, et il a travaillé sans relâche à expérimenter, dans les fourneaux d'un laboratoire, les recettes qu'il croyait avoir déchiffrées dans le langage mystérieux des alchimistes.

Ce n'était là en rien une vulgaire recherche d'un procédé pour fabriquer de l'or : c'était l'entreprise d'un savant à l'esprit religieux qui cherchait à découvrir l'ordonnance divine dans la matière. Les recherches alchimiques de Newton étaient complémentaires de ses recherches mathématiques. Elles étaient rigoureusement mises à l'épreuve par des expériences et des calculs précis, suivant une méthode scientifique aussi méticuleuse que celle mise en œuvre dans les ouvrages qui ont assuré sa gloire, comme l'a récemment souligné l'étude de B. J. T. Dobbs, *The Foundation of Newton's Alchemy* (Cambridge, 1975).

Cet homme hors du commun a porté ses investigations dans d'autres domaines, avec la même passion. Il s'est par exemple appliqué à découvrir le plan et les proportions exactes du Temple de Salomon. Il s'agissait, là encore, d'un sujet qui avait suscité beaucoup d'intérêt à la Renaissance ; le plan du temple, tracé par Dieu lui-même, devait refléter (croyait-on) le plan divin de l'univers.

Les érudits de la Renaissance croyaient que la théorie classique de l'architecture s'inspirait du Temple, et qu'elle reflétait comme lui les proportions du monde et de l'homme. Rien d'étonnant, dès lors, à ce que Newton ait voulu à toute force tirer de la théorie architecturale et de la mesure du Temple des résultats scientifiques : à ses yeux, ces résultats n'étaient pas moins exacts ni moins importants que ceux qui procédaient de ses recherches mathématiques et alchimiques. (Le plan du Temple de Salomon tel que Newton l'a reconstitué a été publié par F. Manuel dans son livre *Isaac Newton, Historian*, Cambridge, 1965.)

Newton a manifesté aussi un vif intérêt pour la chronologie de l'histoire universelle et les prophéties. Il a élaboré des systèmes chronologiques fondés sur les livres prophétiques de l'Ancien Testament ; là encore, en organisant ces données avec plus de rigueur et de précision, il escomptait gagner une maîtrise supérieure de l'histoire du passé, et une prescience prophétique de l'avenir. Dans ces computations apocalyptiques, la tournure protestante de son esprit ressort de façon marquée.

Où trouver, dans l'histoire des idées, des religions ou des sciences, une conjonction de pensées tant soit peu comparable à celle, proprement stupéfiante, que renfermait l'esprit d'Isaac Newton ? Cette question ne saurait pour l'instant recevoir de réponse absolument certaine ; mais il y a quelques pistes, assez évidentes, qui appellent une investigation.

Parmi les nombreux auteurs alchimiques dont Newton a fait l'étude, l'un de ses favoris était Michael Maier, dont il a inlassablement copié les ouvrages. Maier a participé au mouvement rose-croix apparu dans l'Allemagne du début du XVIIe siècle [4] ; il s'est minutieusement appliqué à déchiffrer la pensée alchimique celée dans les mythes, et ses propres écrits alchimiques sont, dans leur esprit, proches de ceux de John Dee, dont la philosophie sous-tend les manifestes rosicruciens [5].

L'un des emblèmes alchimiques de Maier fait probablement allusion à l'énigmatique *Monas hieroglyphica* de Dee [6]. Cette *monas* était pour Dee un symbole où pensées mathématique et alchimique s'alliaient pour donner un aperçu de la "vérité une" qui sous-tend la nature [7].

Un autre ouvrage alchimique que Newton a copié et étudié à fond est le *Theatrum chemicum* d'Elias Ashmole [8], une compilation de textes alchimiques parmi lesquels on trouve une brève description versifiée de la *monas* de Dee. Dans l'avant-propos du recueil, Ashmole cite l'un des manifestes rosicruciens, mentionne Michael Maier et évoque longuement John Dee en rendant un vibrant hommage à son œuvre de mathématicien.

Il ne paraît pas absurde de se demander si l'intérêt de Newton pour ces ouvrages ne venait pas en partie de ce qu'il y cherchait de possibles connexions entre la pensée alchimique et la pensée mathématique – ses centres d'intérêt dominants, que Dee semblait avoir trouvé des façons significatives de combiner. En tout cas, Newton a forcément eu connaissance de Dee par le *Theatrum chemicum*, et dans ce recueil alchimique auquel il attachait tant de prix, il aura entendu parler de ses travaux mathématiques.

Au nombre de ceux qui ont probablement été en relation avec les antécédents du mouvement rosicrucien allemand figure un certain Simon Studion, qui a composé en 1604 un traité resté inédit, intitulé *Naometria* (*Mesure du Temple*). Il s'agit d'une estimation extrêmement élaborée des proportions du Temple de Salomon, accompagnée de spéculations sur l'histoire universelle et ses dates majeures, ainsi que de prophéties apocalyptiques – le tout dans un esprit résolument anti-papal.

Les élucubrations de Studion ressortissent à une littérature que Newton connaissait bien, et dont il a fait usage dans ses papiers inédits traitant de sujets analogues. J'ai suggéré, dans *The Rosicrucian Enlightenment* (1972), que la prophétie de Studion selon laquelle l'année 1620 verrait la chute de l'Antéchrist (*i.e.* la papauté) avait pu encourager l'Electeur Palatin Frédéric dans sa folle entreprise contre la puissance Habsbourg [9]. C'est bien sûr une hypothèse impossible à prouver ; mais la lecture de Studion est à coup sûr évocatrice de l'atmosphère qui régnait en ce temps-là.

En remontant la piste Maier, on aboutit à une conjonction d'idées touchant à l'alchimie, aux mathématiques, aux prophéties et à l'apocalypse, similaires à celles dont se préoccupait Newton. Ces idées se rattachent à l'époque du mouvement politico-religieux qui devait essuyer un revers désastreux en 1620 – revers qui marqua presque l'écrasement de la cause du protestantisme en Europe.

Les idées de cette époque ont pu venir jusqu'à Newton par la tradition protestante dont il était un si fervent partisan. Tous ceux qui étaient profondément pénétrés des principes protestants ont assisté à l'effondrement du protestantisme en Europe avec des sentiments passionnés ; peut-être un peu de cette passion est-elle passée dans la quête éperdue de Dieu que Newton a entreprise dans les mathématiques, l'alchimie et les prophéties bibliques.

S'il est plausible que les mouvements ici évoqués à grands traits aient historiquement préparé l'avènement de Newton, un problème demeure : il faut encore expliquer comment le type de personnalité et de vision du monde de la fin de la Renaissance (incarné par John Dee, par exemple) a pu se transformer pour aboutir à la personnalité et à la vision du monde du savant du XVIIe siècle – Newton.

Et cependant, chez le savant du XVIIe siècle, un fond d'hermétisme demeurait : Newton le mathématicien se doublait de Newton l'alchimiste. Ces deux centres d'intérêt se recouvrent-ils jusque dans les *Principia* et l'*Optique*, comme le pensent aujourd'hui certains spécialistes [10] ? Si tel est le cas, ne faut-il pas chercher les antécédents de Newton dans les mouvements alchimiques du début du XVIIe siècle, qui n'ont jusqu'ici fait l'objet que d'investigations superficielles ?

NOTES

LA TRADITION HERMÉTIQUE DANS LA SCIENCE DE LA RENAISSANCE

1. W. P. D. Wightman, *Science and Renaissance*, Aberdeen, 1962, I, p. 16.

2. *Ibid.*, p. 34.

3. Sur la traduction du *Corpus Hermeticum* par Ficin et sa diffusion, on se reportera à l'étude bibliographique fondamentale de P. O. Kristeller, *Supplementum Ficinianum*, Florence, 1937, I, p. LVII-LVIII, CXXIX-CXXXI ; de Kristeller, voir également *Studies in Renaissance Thought and Letters*, Rome, 1956, p. 221 *sq.* E. Garin étudie le mouvement hermétique dans son ouvrage *Medioevo e Rinascimento*, Bari, 1954, p. 150 *sq.* (*Moyen Age et Renaissance*, traduction de Claude Parme, Gallimard, 1969, p. 123 *sq.*), ainsi que dans *La Cultura filosofica del Rinascimento italiano*, Florence, 1961. (De Garin, voir également *Hermétisme et Renaissance*, traduction de Bertrand Schefer, Allia, 2001.) Le volume *Testi umanistici su l'ermetismo*, éd. E. Garin, Rome, 1955, reproduit un ensemble de textes renaissants teintés d'influences hermétiques. L'importance de la tradition de la *prisca theologia* a été mise en évidence par D. P. Walker dans son article "The *Prisca Theologia* in France", *Journal of the Warburg and Courtauld Institutes*,

XVII, 1954, p. 204-259, désormais repris dans son livre *The Ancient Theology*, 1972. De Walker également, *Spiritual and Demonic Magic from Ficino to Campanella*, 1958 (*La Magie spirituelle et angélique de Ficin à Campanella*, traduction de Marc Rolland, Albin Michel, 1988), analyse la magie de la Renaissance en s'attachant particulièrement à Ficin. Dans les dix premiers chapitres de mon livre *Giordano Bruno and the Hermetic Tradition* (*Giordano Bruno et la tradition hermétique*, traduction de Marc Rolland, Paris, Dervy-Livres, 1988), j'ai tenté d'évoquer à grands traits la tradition hermétique à la Renaissance avant Bruno. La meilleure édition moderne du *Corpus Hermeticum* et de l'*Asclepius* est celle, accompagnée d'une traduction française, de A. D. Nock et A.-J. Festugière, Paris, Les Belles Lettres, 1945-1954.

4. *Corpus Hermeticum*, éd. Nock et Festugière, t. I, p. 7-19. On trouvera un résumé de ce traité dans *Giordano Bruno and the Hermetic Tradition*, p. 22-25. (*Giordano Bruno et la tradition hermétique*, p. 42-48.)

5. Dans l'*Argumentum* qui préface sa traduction latine du *Corpus Hermeticum* (*Opera omnia*, Bâle, 1576, p. 1837-1839), Ficin donne à l'ensemble de sa traduction le titre de *Pimander*, ou *Pimandre*, bien qu'il s'agisse en réalité du titre du premier traité seulement.

6. *Corpus Hermeticum*, éd. Nock et Festugière, t. II, p. 296-355. Résumé dans *Giordano Bruno and the Hermetic Tradition*, p. 35-40. (*Giordano Bruno et la tradition hermétique*, p. 55-60.)

7. Comme l'a démontré Walker, *Spiritual and Demonic Magic*, p. 40 *sq*. (*La Magie spirituelle et angélique*, p. 43-46.)

8. Sur la façon dont Pic de la Mirandole associe magie et cabale, voir *Giordano Bruno and The Hermetic Tradition*, p. 84 *sq*. (*Giordano Bruno et la tradition hermétique*, p. 109 *sq*.)

9. Henri Cornelius Agrippa, *De occulta philosophia* (1533) ; voir *Giordano Bruno and The Hermetic Tradition*, p. 130 *sq*. (*Giordano Bruno et la tradition hermétique*, p. 161 *sq*.)

10. Le *Picatrix* est un traité de magie talismanique composé à l'origine en arabe, dont une traduction latine a circulé en manuscrit à la Renaissance.

11. Tommaso Campanella, *Magia e grazia*, éd. R. Amerio, Rome, 1957, p. 180 ; voir *Giordano Bruno and The Hermetic Tradition*, p. 147-148 (*Giordano Bruno et la tradition hermétique*, p. 180-181.)

12. Voir Lily B. Campbell, *Scenes and Machines of the English Stage during the Renaissance*, Cambridge, 1923, p. 87.

13. H. Billingsley, *The Elements of Euclid*, London, 1570. La préface de Dee, f° A^{iv}, est désormais reproduite en fac-similé avec une introduction d'Allen G. Debus, New York, 1975.

14. Walker, *Spiritual and Demonic Magic*, p. 126-127. (*La Magie spirituelle et angélique*, p. 109.)

15. Fabio Paolini, *Hebdomades*, Venise, 1589, p. 208. *Cf.* aussi Agrippa mentionnant les "statues parlantes de Mercure" parmi d'autres prodiges mécaniques (citation dans *Giordano Bruno and The Hermetic Tradition*, p. 147 *sq*. ; *Giordano Bruno et la tradition hermétique*, p. 180) et Dee

citant les œuvres de Héron d'Alexandrie avant de mentionner la tête de bronze confectionnée par Albert le Grand et les "Images de Mercure" (préface à Euclide, f^{os} A$^{ir\text{-}v}$).

16. Paolini, *Hebdomades*, p. 203, cité par Walker, *Spiritual and Demonic Magic*, p. 135, n. 1. (*La Magie spirituelle et angélique*, p. 215, n. 220.)

17. Eugenio Garin, *Scienza e vita civile nel Rinascimento italiano*, Bari, 1965, p. 57-108.

18. *Ibid.*, p. 71. De Garin, voir également *Cultura filosofica del Rinascimento italiano*, p. 397 *sq.*, pour une approche similaire de Léonard de Vinci.

19. *Late Tudor and Early Stuart Geography*, 1934, p. 75 *sq.*

20. *Astronomical Thought in Renaissance England*, Baltimore, 1937, p. 135 *sq.*

21. I. R. F. Calder, "John Dee Studied as an English Neoplatonist", thèse de doctorat de l'université de Londres, 1952. (Cette thèse n'a jamais été publiée, mais elle peut désormais être consultée en ligne sur le site de la John Dee Society, www.johndee.org.)

22. Dee, préface à Euclide, f^{o} ⋆^{iv}. (Texte anglais : "*by numbers, a way is to be had to the searching out and understanding of euery thyng, hable to be knowen.*" *Cf.* la 682e thèse de Pic : *per numeros habetur via ad omnis scibilis investigationem & intellectionem*, "Les nombres fournissent une voie pour la recherche et l'intellection de tout le connaissable." Pic de la Mirandole, *900 Conclusions*, traduction de Bertrand Schefer, Allia, 1999, p. 176-177.) Voir *Giordano Bruno and The Hermetic Tradition*, p. 148

(*Giordano Bruno et la tradition hermétique*, p. 182) ; ainsi que la note que j'ai publiée dans *L'Opera e il pensiero di Giovanni Pico della Mirandola nella storia dell'umanesimo* (Convegno internazionale, Mirandola, 15-18 settembre 1963), Istituto Nazionale di Studi sul Rinascimento, Florence, 1965, I, p. 152-154.

23. "Les Choses Mathématiques", écrit-il dans sa préface (f° $\star^{v}$), "tiennent le milieu entre les choses surnaturelles & naturelles."

24. Dee, préface à Euclide, f° A^{iir}.

25. *Fama Fraternitas, deß Löblichen Ordens des Ronsencreutzes &c.*, Cassel, 1614. Voir *Giordano Bruno and The Hermetic Tradition*, p. 410-411 *sq.* (*Giordano Bruno et la tradition hermétique*, p. 475 *sq.*) (Voir aussi l'ouvrage que Frances Yates a consacré au mouvement rosicrucien quelques années après la présente étude : *The Rosicrucian Enlightenment*, Routledge & Kegan Paul, 1972 ; *La Lumière des Rose-Croix*, traduction de M. D. Delorme, Retz, 1985.)

26. *Giordano Bruno and The Hermetic Tradition*, p. 370 *sq.* (*Giordano Bruno et la tradition hermétique*, p. 430 *sq.*)

27. J. V. Andreae, *Reipublicae christianopolitanae descriptio*, Strasbourg, 1619 ; traduction anglaise par F. E. Held, *Christianopolis, an Ideal State of the Seventeenth Century*, New York, 1916. Andreae était l'auteur des *Noces chymiques de Christian Rosencreutz* (*Chymische Hochzeit Christiani Rosencreutz*), Strasbourg, 1916.

28. Traduction anglaise : *Francis Bacon. From Magic to Science*, Routledge & Kegan Paul, 1968.

29. Voir Francis Bacon, *Historia naturalis et experimentalis, quae est Instaurationis magnae pars tertia*, Londres, 1622, in *Works*, éd. Spedding *et alii*, édition de 1857, II, p. 13-16. Bacon répète constamment que ce n'est pas sa connaissance pure et directe de la nature qui a causé la chute d'Adam, mais sa présomption à juger du bien et du mal : voir *Advancement of Learning*, *ibid.*, III, p. 264-265 ; *Instauratio magna*, *praefatio*, *ibid.*, I, p. 132, etc. *Cf.* Paolo Rossi, *Francesco Bacone*, p. 321 *sq.*, 392 *sq.*, etc.

30. *De occulta philosophia*, III, p. 40 ; *cf.* G. Nauert, *Agrippa and the Crisis of Renaissance Thought*, Urbana, Illinois, 1965, pp. 48, 284. Nauert établit une comparaison intéressante entre la théorie d'Agrippa selon laquelle le mage est le détenteur d'un pouvoir lié à ses connaissances magiques, et la promesse de Bacon annonçant que l'homme sera seigneur et maître de la nature ; mais il ignore l'ouvrage de Rossi, et la distinction que celui-ci établit entre l'attitude du mage et celle de Bacon.

31. *Giordano Bruno and the Hermetic Tradition*, p. 241-243. (*Giordano Bruno et la tradition hermétique*, p. 288-290.)

32. *Historia naturalis* ; *Works*, éd. Spedding *et alii*, II, p. 13.

33. G. Porta, *Natural Magick*, ed. D. J. Price, New York, 1957 (fac-similé de la traduction anglaise de la *Magia naturalis*), p. 10, 14, etc. Cet ouvrage est la source d'une part importante de la *Sylva sylvarum* de Bacon, comme l'on sait.

34. Giordano Bruno, *La Cena de le Ceneri*, dialogue III ; *Dialoghi italiani*, ed. G. Aquilecchia, Florence, 1957, p. 109. (Giordano Bruno, *Le Souper des Cendres*, traduction de

Yves Hersant, Paris, Les Belles Lettres, 1994, p. 168. *Cf.* aussi le dialogue V, p. 240.)

35. Contre l'opinion "monstrueuse" d'Aristote, selon laquelle la terre est un corps mort et inanimé, Gilbert cite "Hermès, Zoroastre, Orphée", qui croient en un principe de vie universel ; *cf.* W. Gilbert, *On the Magnet*, ed. D. J. Price, New York, 1958, p. 209. E. Zilsel, dans son article "The origins of William Gilbert's scientific method", *Journal of the History of Ideas*, II, 1941, p. 4 *sq.*, souligne que la philosophie du magnétisme de Gilbert est de nature animiste, et relève du même courant de pensée que la philosophie de Bruno.

36. Marie Boas, dans son article "Bacon and Gilbert", *Journal of the History of Ideas*, XII, 1951, p. 466-467, suggère que Bacon a surtout désapprouvé que Gilbert généralise ses recherches sur l'aimant en une philosophie magnétique de la nature ; c'est peut-être d'abord dans l'ouvrage posthume de Gilbert, *De mundo nostro sublunari philosophia nova*, qu'il aurait étudié ses idées, et pas seulement dans le *De Magnete*.

37. Pour les survivances chez Newton, voir J. E. McGuire et P. M. Rattansi, "Newton and the Pipes of Pan", *Notes and Records of the Royal Society of London*, XXI, 1966, p. 108-143 ; pour les survivances chez Galilée, voir E. Garin, *Scienza et vita civile nel Rinascimento*, p. 157.

38. Dans *Isis*, LV, 1964, p. 389-391.

39. Voir également, dans l'ouvrage d'Allen G. Debus *The English Paracelsians*, 1965, de nombreuses observations

confirmant que l'essor de la science est lié au néo-platonisme et à la magie de la Renaissance.

40. Dans *Isis*, LV, p. 390, citant *Giordano Bruno and the Hermetic Tradition*, p. 452. (*Giordano Bruno et la tradition hermétique*, p. 525.)

COPERNIC

Le texte de Frances Yates était à l'origine une conférence radiophonique : il ne comporte aucune note. Les principales références sont ici suppléées par le Traducteur.

1. *De revolutionibus orbium cœlestium* (*Des révolutions des sphères célestes*), Nuremberg, J. Petreium, 1543, p. 10 : *In medio vero omnium residet Sol. Quis enim in hoc pulcherimo templo lampadem hanc in alio vel meliori loco poneret, quam unde totum simul possit illuminare ? Siquidem non inepte quidam lucernam mundi, alii mentem, alii rectorem vocant. Trismegistus visibilem Deum…*

2. Sur les *Hermetica*, voir la n. 3 du précédent essai.

3. Traduction de A.-J. Festugière, *Corpus Hermeticum*, t. II, p. 336-337.

4. Frances Yates omet curieusement de citer ici un autre passage de l'*Asclepius*, où figure en toutes lettres l'identification entre le "second dieu" et le "dieu visible" : "Quand le Seigneur et le Créateur de toutes choses, qu'à bon droit nous appelons Dieu, eut fait, second après lui,

le dieu visible et sensible – ce second dieu, si je le dis sensible, ce n'est pas qu'il soit doué lui-même de sensation, ... mais parce qu'il tombe sous le sens de la vue..." *Corpus Hermeticum*, t. II, p. 304-205.

5. Daniel Pickering Walker, collègue de Frances Yates à l'Institut Warburg; *cf.* la note 7 du précédent essai.

6. Ou "Comment capter les influences des astres".

7. Voir Alexandre Koyré, *La Révolution astronomique. Copernic, Kepler, Borelli*, Hermann, 1961, p. 63 *sq.*

8. *La Cena de le Ceneri.* (*Œuvres complètes*, t. II : *Le Souper des Cendres*, traduction d'Yves Hersant, Les Belles Lettres, 1994.)

9. Après deux siècles d'oubli, la redécouverte de Bruno s'est opérée à la toute fin du XVIIIe siècle, en Allemagne, sous l'impulsion de Friedrich Heinrich Jacobi, bientôt suivi par Schelling et Hegel. C'est au siècle suivant que s'est constituée l'image de Bruno martyr de la libre-pensée et de la science – en France, avec la monographie de Christian Bartholmess, *Jordano Bruno* (1846-1847), et en Italie avec la biographie de Domenico Berti, *La Vita di Giordano Bruno da Nola* (1867). En 1889, les francs-maçons italiens obtinrent l'érection d'une statue de Bruno au lieu même de son supplice, à Rome, sur le Campo dei Fiori. Le projet avait été soutenu par un comité international de libres-penseurs parmi lesquels figuraient Hugo et Renan.

10. Cette citation de la lamentation de l'*Asclepius* figure dans la *Spaccio della Besta Triomfante*, seconde partie du troisième dialogue (*Œuvres complètes*, t. V/2 :

Expulsion de la Bête triomphante, traduction de Jean Balsamo, Les Belles Lettres, 1999, p. 428).

11. *Corpus Hermeticum*, t. II, p. 330.

12. Frances Yates fait sans doute allusion à une remarque du premier dialogue de *La Cena de le Ceneri*, où Bruno fait dire à l'un de ses personnages que Copernic était "plus porté à étudier la mathématique que la nature" (*Le Souper des Cendres*, p. 38.)

13. *La Cena de le Ceneri*, premier dialogue (*Le Souper des Cendres*, p. 40.)

14. *La Cena de le Ceneri*, quatrième dialogue (*Le Souper des Cendres*, p. 222-226.)

15. Ce témoignage se trouve dans l'ouvrage de George Abbot, *A Briefe Treatise of Diverse Plaine and Sure Ways to Find out Truths in this … Time of Heresie*, 1574 ; il a été mentionné pour la première fois dans un article de Robert McNulty, "Bruno at Oxford", *Renaissance News*, XIII, 1960, p. 305. Il est cité par Frances Yates dans *Giordano Bruno et la tradition hermétique*, p. 250-251.

NEWTON

Cet article est paru dans un magazine sous le titre "Newton établissait-il un lien entre ses recherches mathématiques et alchimiques ?" Frances Yates n'indique, dans le corps du texte, que quelques références essentielles ; ici encore, les notes sont suppléées par le Traducteur.

1. Les *Philosophiæ Naturalis Principia Mathematica* (*Principes mathématiques de la philosophie naturelle*, 1687), où Newton formule les lois du mouvement à la base de la mécanique classique et décrit la gravitation universelle ; les *Opticks* (1704), traité sur la réflexion, la réfraction, la diffraction et les couleurs de la lumière.

2. Voir *supra*, p. 46-48.

3. "Vidé de son animisme, avec les lois de l'inertie et de l'attraction terrestre substituées à la vie psychique de la nature comme principes de mouvement, compris objectivement et non subjectivement, l'univers de Bruno ressemblerait plutôt à l'univers mécanique d'Isaac Newton, se déplaçant sans cesse sous ses propres lois qui lui ont été données non par un Dieu magicien, mais par un Dieu mécanicien et mathématicien." *Giordano Bruno et la tradition hermétique*, traduction de Marc Rolland, Dervy-Livres, 1988, p. 524.

4. Sur l'œuvre de Michael Maier et les liens de celui-ci avec le mouvement rose-croix, voir Frances Yates, *The Rosicrucian Enlightenment*, Routledge & Kegan Paul, 1972 (*La Lumière des Rose-Croix*, traduction de M. D. Delorme, Retz, 1978, p. 106-119.)

5. Sur l'influence de Dee sur le mouvement rosicrucien, voir encore *La Lumière des Rose-Croix*, p. 55-58.

6. *Ibid.*, p. 110.

7. Sur la monade hiéroglyphique de Dee, voir Frances Yates, *The Occult Philosophy in the Elizabethan Age*, Routledge & Kegan Paul, 1979 (*La philosophie occulte à l'époque*

élisabéthaine, traduction de Laure de Lestrange, Dervy-Livres, 1987, p. 123-124).

8. Voir *La Lumière des Rose-Croix*, p. 221-228.

9. *La Lumière des Rose-Croix*, p. 50-54.

10. En particulier Betty Jo Teeter Dobbs, dont Frances Yates cite plus haut l'ouvrage *The Foundation of Newton's Alchemy* (*Les Fondements de l'alchimie de Newton ou la Chasse au lion vert*, traduction de Sylvie Girard, Guy Trédaniel/Editions de la Maisnie, 1981). Betty Dobbs a publié par la suite *The Janus Faces of Genius. The Role of Alchemy in Newton's Thought*, Cambridge University Press, 1991.

TABLE

DANS LA MÊME COLLECTION

Anonyme : *A fleur de peau*
Anonyme : *Confession sexuelle d'un anonyme russe*
Anonyme : *Coplas*
Anonyme : *Dirty Comics I*
Anonyme : *Dirty Comics II*
Anonyme : *L'Ecole des filles I*
Anonyme : *L'Ecole des filles II*
Anonyme : *La Fameuse Comédienne*
Anonyme : *Incitation à l'amour de Dieu*
Anonyme : *Journal d'un morphinomane*
Anonyme : *Rapport secret du Pentagone sur le changement climatique*
Anonyme : *Les Rêveries du toxicomane solitaire*
Anonyme : *Vivent les voleurs !*
Anonyme : *La Voie suprême selon le yoga tibétain*
Theodor W. Adorno : *Le Caractère fétiche dans la musique*
Al-Fârâbî : *La Philosophie de Platon*
Al-Fârâbî : *De l'obtention du bonheur*
Al-Kindi : *De Radiis*
Günther Anders : *Et si je suis désespéré, que voulez-vous que j'y fasse ?*
Günther Anders : *George Grosz*
Louis Aragon / Benjamin Péret / Man Ray : *1929*
Hannah Arendt : *Walter Benjamin 1892-1940*
Pierre Arétin : *L'Education de la Pippa*
Pierre Arétin : *Les Roueries des hommes*
Pierre Arétin : *La Ruffianerie*
Aristote : *Problème XXX*
Pierre Auriol : *La Fin du voyage*
Thérèse d'Avila : *Je vis mais sans vivre en moi-même*
Georges Bataille : *La Mutilation sacrificielle et l'oreille coupée de Vincent Van Gogh*

Roberto Bazlen : *Trieste*
Bruce Bégout : *Zéropolis*
Bruce Bégout : *Lieu commun*
Bruce Bégout : *De la décence ordinaire*
Hans Bellmer : *Petite Anatomie de l'image*
Walter Benjamin : *L'Œuvre d'art à l'époque de sa reproductibilité technique*
Walter Benjamin : *Paris, capitale du XIXe siècle*
Michèle Bernstein : *Tous les chevaux du roi*
Rachel Bespaloff : *De l'Iliade*
David Bessis : *Sprats*
David Bessis : *Ars grammatica*
Jean François Billeter : *Chine trois fois muette*
Jean François Billeter : *Leçons sur Tchouang-tseu*
Jean François Billeter : *Contre François Jullien*
Marc Bloch : *Réflexions d'un historien sur les fausses nouvelles de la guerre*
Alexandre Blok : *Douze*
David Bosc : *Sang lié*
Jacques-Bénigne Bossuet : *Bernard, que prétends-tu dans le monde ?*
Grégoire Bouillier : *Rapport sur moi*
Grégoire Bouillier : *L'Invité mystère*
Michel Bounan : *Incitation à l'autodéfense*
Michel Bounan : *L'Etat retors*
Michel Bounan : *L'Art de Céline et son temps*
Michel Bounan : *L'Impensable, l'indicible, l'innommable*
Michel Bounan : *La Vie innommable*
Michel Bounan : *Sans valeur marchande*
Michel Bounan : *Logique du terrorisme*
Michel Bounan : *Le Temps du sida*
Hermann Broch : *Quelques remarques à propos du kitsch*
Thomas Browne : *Lettre à un ami*
Giordano Bruno : *De la magie*

Giordano Bruno : *Des liens*
Tina Bueno : *La Mer*
Lord Byron : *Poèmes*
Giulio Camillo : *Le Théâtre de la mémoire*
Dino Campana : *Chants orphiques*
Duncan Campbell : *Surveillance électronique planétaire*
Georges Canguilhem : *Vie et mort de Jean Cavaillès*
Giacomo Casanova : *Le Duel*
Giacomo Casanova : *Ma voisine, la postérité*
Giacomo Casanova : *Soliloque d'un penseur*
Giacomo Casanova : *Lana caprina*
Giacomo Casanova : *Histoire de ma fuite des prisons de Venise*
Eric Chauvier : *Anthropologie*
Eric Chauvier : *Si l'enfant ne réagit pas*
Victor Chklovski : *L'Art comme procédé*
Noam Chomsky : *Sur le contrôle de nos vies*
Bernard de Clairvaux : *Qu'il me baise d'un baiser de sa bouche !*
Thomas Clerc : *Maurice Sachs le désœuvré*
Richard Cobb : *Marseille*
Jean Cocteau : *Le Cordon ombilical*
Samuel Taylor Coleridge : *Notebooks*
Colerus / Lucas : *Vies de Spinoza*
Bruno Corra : *Sam Dunn est mort*
Astolphe de Custine : *Résumé du voyage en Russie*
Cyber Trash Critic : *Je suis le peuple qui manque*
Arsène Darmesteter : *Le Talmud*
Mike Davis : *Au-delà de Blade Runner*
Giacomo Debenedetti : *16 octobre 1943*
Etienne-Jean Delécluze : *Le Mécanicien roi*
Thomas De Quincey : *Les Derniers Jours d'Emmanuel Kant*
Robert Desnos : *Jack l'Eventreur*
R.W. Emerson : *La Nature*
Friedrich Engels : *Esquisse d'une critique de l'économie politique*

Hans Magnus Enzensberger : *Les Rêveurs de l'absolu*
Marsile Ficin : *Quid sit lumen*
Pavel Florenski : *Hamlet*
Hélène Frappat : *Sous réserve*
Joseph Gabel : *Mensonge et maladie mentale*
Hans-Georg Gadamer : *Nietzsche l'Antipode*
Federico Garcia Lorca : *Complaintes gitanes*
Eugenio Garin : *Hermétisme et Renaissance*
Eugenio Garin : *Machiavel entre politique et histoire*
Arnaldo Ginna : *Les Locomotives avec des chaussettes*
Goethe : *La Fête de saint Roch à Bingen*
Pierre Hadot : *Eloge de la philosophie antique*
Pierre Hadot : *Eloge de Socrate*
Raoul Hausmann : *Hourra ! Hourra ! Hourra !*
Raoul Hausmann : *Sensorialité excentrique*
Nathaniel Hawthorne : *L'Artiste du beau*
Nathaniel Hawthorne : *Le Hall de l'imagination*
William Hazlitt : *Du plaisir de haïr*
Werner Heisenberg : *Le Manuscrit de 1942*
Moshe Idel : *Les Kabbalistes de la nuit*
Ian Jack : *Klever Kaff*
Roman Jakobson : *La Génération qui a gaspillé ses poètes*
Hans Robert Jauss : *Petite Apologie de l'expérience esthétique*
Samuel Johnson : *Le Paresseux*
Sören Kierkegaard : *Diapsalmata*
Jamie Lincoln Kitman : *L'Histoire secrète du plomb*
Alexandre Koyré : *Réflexions sur le mensonge*
Alexandre Koyré : *La Cinquième Colonne*
Alexandre Koyré : *Paracelse*
Alfred Kubin : *Le Cabinet de curiosités*
Alfred Kubin : *Le Travail du dessinateur*
Alfred Kubin : *Ma vie*
Serge La Barbera : *Un sentiment d'imposture*

Serge La Barbera : *Microfilm 2mi354*
Jean-Yves Lacroix : *Le Cure-dent*
Paul Lafargue : *Le Droit à la paresse*
Tommaso Landolfi : *Les Deux Vieilles Filles*
W. S. Landor : *Conversation imaginaire entre Diogène et Platon*
Valery Larbaud : *Lettre d'Italie*
Hadrien Laroche : *Les Orphelins*
Nathalie Léger : *Les Vies silencieuses de Samuel Beckett*
Giacomo Leopardi : *Pensées*
Giacomo Leopardi : *Palinodie*
Giacomo Leopardi : *Huit petites œuvres morales inédites*
Giacomo Leopardi : *"Adieu ma chère pillule"*
Jean Levi : *Propos intempestifs sur le Tchouang-Tseu*
Sylvain Lévi : *Génie de l'Inde*
Prince de Ligne : *Fragment sur Casanova*
Hélène Ling : *Lieux-dits*
Jack London : *Pour cent dollars de plus*
Pierre Louÿs : *Manuel de civilité pour les petites filles*
Pierre Louÿs : *Pybrac*
Pierre Mabille : *Thérèse de Lisieux*
Maïmonide : *Lettre sur l'astrologie*
Kazimir Malevitch : *La Paresse comme vérité effective de l'homme*
Piero Manzoni : *Contre rien*
Greil Marcus : *Sly Stone : le mythe de Staggerlee*
Claire Marin : *Hors de moi*
Francesco Masci : *Superstitions*
Karl Marx : *Le Caractère fétiche de la marchandise et son secret*
Karl Marx : *Contribution à la critique de la philosophie du droit de Hegel*
Lorenzino de Médicis : *Apologie*
Herman Melville : *Bartleby*
Herman Melville : *Le Paradis des célibataires*
Franz Anton Mesmer : *Mémoire sur la découverte du magnétisme animal*

Henry Miller : *Lire aux cabinets*
Valérie Mréjen : *L'Agrume*
Valérie Mréjen : *Mon Grand-père*
Valérie Mréjen : *Eau Sauvage*
Robert Musil : *De la bêtise*
Friedrich Nietzsche : *Fragments posthumes sur l'éternel retour*
Friedrich Nietzsche : *La Vision dionysiaque du monde*
Friedrich Nietzsche : *Le Cas Wagner*
Jean Norton Cru : *Du témoignage*
Novalis : *Le Monde doit être romantisé*
Patrik Ourednik : *Europeana. Une brève histoire du vingtième siècle*
Patrik Ourednik : *Instant propice, 1855*
Franz Overbeck : *Souvenirs sur Friedrich Nietzsche*
Paillot de Montabert : *Dissertation sur les peintures du Moyen Age*
Clément Pansaers : *L'Apologie de la paresse*
Clément Pansaers : *Bar Nicanor*
Clément Pansaers : *Le Pan pan au cul du nu nègre*
Kostas Papaioannou : *De la critique du ciel à la critique de la terre*
Kostas Papaioannou : *Hegel et Marx : l'interminable débat*
Lucius de Patras : *L'Ane*
Jean Paulhan : *Lettre à un jeune partisan*
Péchon de Ruby : *La Vie généreuse des Mercelots, Gueux et Bohémiens*
Francis Picabia : *Jésus-Christ Rastaquouère*
Edgar Allan Poe : *Marginalia*
Edgar Allan Poe : *Habitations imaginaires*
Dolores Prato : *Brûlures*
François Rabelais : *Traité de bon usage de vin*
H. R. Rabinowitz : *Kosher Humor*
Samson Raphaelson : *Amitié*
Félix Ravaisson : *De l'habitude*
Félix Ravaisson : *Testament philosophique*
Denys Ridrimont : *Lettre à Anne*
Oliver Rohe : *Défaut d'origine*

Oliver Rohe : *Terrain vague*
Henri Rollin : *Une mystification mondiale*
Pio Rossi : *Dictionnaire du mensonge*
Bertrand Russell : *Eloge de l'oisiveté*
Luigi Russolo : *L'Art des bruits*
Sappho : *L'Egal des dieux*
Alberto Savinio : *L'Intensité dramatique de Leopardi*
Alberto Savinio : *Dix procès*
Bertrand Schefer : *L'Age d'or*
Alfred Schütz : *L'Etranger*
Marcel Schwob : *Etudes sur l'argot français*
Marcel Schwob : *Le Livre de Monelle*
Marcel Schwob : *François Rabelais*
William Shakespeare : *Vénus et Adonis*
Georg Simmel : *Le Pauvre*
Georg Simmel : *Rome, Florence, Venise*
Sergio Solmi : *La Santé de Montaigne*
Boris Souvarine : *Sur Lénine, Trotsky et Staline*
Spinoza : *Traité de l'amendement de l'intellect*
Hilary Spurling : *La Grande Thérèse*
Robert Louis Stevenson : *Will du moulin*
Robert Louis Stevenson : *Une apologie des oisifs*
Robert Louis Stevenson : *Virginibus Puerisque*
Patrick Straram : *Les Bouteilles se couchent*
Leo Strauss : *Le Platon de Fârâbî*
Leo Strauss : *Sur une nouvelle interprétation de la philosophie politique de Platon*
Karel Teige : *Le Marché de l'art*
Karel Teige : *Liquidation de l'art*
Stefan Themerson : *Les Aventures de Peddy Bottom*
Stefan Themerson : *Ouah ! Ouah ! ou Qui a tué Richard Wagner ?*
Alexis de Tocqueville : *Sur le paupérisme*
John Toland : *Clidophorus*

Tatiana Tolstoï : *Sur mon père*
Giuseppe Tomasi di Lampedusa : *Byron*
Giuseppe Tomasi di Lampedusa : *Shakespeare*
Giuseppe Tomasi di Lampedusa : *Stendhal*
Nick Tosches : *Confessions d'un chasseur d'opium*
Lope de Vega : *Soliloques amoureux d'une âme à Dieu*
Giambattista Vico : *Vici Vindiciae*
Giambattista Vico : *Vie de Giambattista Vico écrite par lui-même*
Jordi Vidal : *Résistance au chaos*
Jordi Vidal : *Servitude & simulacre*
Antonio Vieira : *Sermon du bon larron*
Alexandre Vvedenski : *Un sapin de Noël chez les Ivanov*
Lindsay Waters : *L'Eclipse du savoir*
Oscar Wilde : *La Ballade de la geôle de Reading*
Oscar Wilde : *Le Déclin du mensonge*
Johann Joachim Winckelmann : *Réflexions sur l'imitation des œuvres grecques en peinture et en sculpture*
Gerrard Winstanley : *L'Etendard déployé des vrais niveleurs*
Patrick Wotling : *La Pensée du sous-sol*
Jan Zabrana : *Toute une vie*

ACHEVÉ D'IMPRIMER
DANS L'UNION EUROPÉENNE
POUR LE COMPTE DES ÉDITIONS ALLIA
EN MARS 2009

ISBN : 978-2-84485-309-7
DÉPÔT LÉGAL : MARS 2009